Las Vegas

www.merian.de
zeigt mehr von der verrückten Wüstenstadt und ihrer erstaunlichen Glitzerwelt. Versäumen Sie nicht das MERIAN-Gewinnspiel!

Meine Lieblingsplätze

◆

Le Rêve
Das Tanz-Theater im Super-Hotel „Wynn" ist ein phantastisches Spektakel, bei der die runde Bühne unter Wasser gesetzt wird und Akrobaten und Artisten durch die Luft wirbeln (S. 28)

◆

Fremont Street Experience
Die kostenlose allabendliche Sound- und Lichtershow in der mit einem Riesen-Bildschirm überdachten Straße ist erstklassige Unterhaltung und typisch Las Vegas (S.52)

◆

Skywalk
Der Grand Canyon ist ohnehin schon ein Erlebnis, der neue Skywalk, ein gläserner Rundbogen über dem Abgrund, fügt dem Besuch eine neue Dimension hinzu. (S. 42)

Liebe Leserin, lieber Leser,

Las Vegas, so meine Erfahrung im Bekanntenkreis, polarisiert. Die einen schwärmen von den phantastischen Hotelbauten, genießen das Nachtleben mit seinen vielen Shows und freuen sich wie die Kinder auf den Spieltisch im Casino. Die anderen finden die Metropole mitten in der Wüste furchtbar, weil ihnen die Künstlichkeit dieser Welt nicht behagt.

Eines ist jedoch auch der größte Las-Vegas-Skeptiker, wenn er zum ersten Mal in die Stadt kommt: er ist beeindruckt. Von der Perfektion, mit der die Architekten Weltkultur-Bauten kopiert haben, von dem nie endenden Trubel am „Strip", wo rund um die Uhr das Leben pulsiert, 365 Tage im Jahr. Von dem Aufwand und der Professionalität, mit der die Unterhaltungsmaschinerie arbeitet, und oft auch von dem Las-Vegas-Feeling, was manchen Mitmenschen ein entrücktes Lächeln auf's Gesicht zaubert, sobald sie in das Neon-Lichtermeer der Straßen von Vegas eintauchen.

Zudem ist Las Vegas – und das ist auch für die Skeptiker interessant – Ausgangspunkt für Ausflüge in die Nationalparks des Südwestens. Ob Grand Canyon, Zion, oder Bryce Canyon – die steinernen Schluchten gehören zum Faszinierendsten, was die USA landschaftlich zu bieten haben und bilden mit ihrer Stille und Weite einen krassen Gegensatz zur aufgedrehten Glücksspielhauptstadt.

Die muss man, wie gesagt, nicht lieben, aber man muss sie gesehen haben, denn es ist unmöglich, von Las Vegas nicht gefesselt zu sein. Da geh' ich jede Wette ein!

Herzlich, Ihr

Andreas Hallaschka
MER

Für MERIAN unterwegs

PHILIP KOSCHEL, Fotograf aus Berlin, ist Las-Vegas-Insider. Für MERIAN fotografierte er u. a. Hochzeiten, Downtown und eine Reportage über die großen Showbühnen und kleinen Clubs.

MARC BIELEFELD, Autor aus aus Hamburg, kam ins Schwitzen. Bei Temperaturen um 50 Grad bereiste er den Grand Canyon und vier weitere Nationalparks. **Seiten 42 und 98**

MARTINA WIMMER, Autorin aus Berlin, sah in einer Woche 14 Shows und mindestens viele Hochzeiten. Wäre sie hon verheiratet, wäre sie's ns jetzt. **Seiten 28 und 60**

Selbst nach der Abreise sind wir nie ganz von dem Ort weggekommen.
TUI
Weltentdecker
Amerika
Ein TUI Urlaub hält länger.
Klick. Und wieder ein Bild mehr im Kopf, das Sie nie wieder vergessen werden. Oder haben Sie schon mal Seelöwen mitten in der Stadt gesehen? In San Francisco am Pier 39 gibt es das tatsächlich. Oder 12,5 Millionen Glühbirnen? Allein in der Freemont Street in Las Vegas leuchten so viele. Kennen Sie eigentlich Hoodoos? Nein, das sind keine Tiere. Sondern beeindruckende Gesteinssäulen im Bryce Canyon, die so nur die Natur schaffen kann. Oder beobachten Sie Bären beim Picknicken: Im Yosemite Nationalpark ist das nicht gerade

Yosemite
San Francisco
Fresno
Bryce Canyon
Zion Nationalpark
Lake Powell
Santa Maria
Las Vegas
Grand Canyon
Flagstaff
Santa Barbara
Los Angeles
Sedona
Laughlin

INHALT

Las Vegas

SEITE 68

ZOCKEN OHNE LIMIT

Für Spieler ist das Spielen, nicht das Gewinnen, das wahre Glück. Findet jedenfalls unser Autor

SEITE 86

WELT-HOTELS

Märchenschloss, Pyramide oder New-York-Skyline – die Mega-Hotels holen die ganze Welt an den Strip

MERIAN | Reise-Service ab Seite 113

SEITE 14

VIVA LAS VEGAS!

Jährlich besuchen 39 Millionen Menschen diesen Riesenspielplatz für Erwachsene und vergnügen sich

SEITE 42

GRAND CANYON

In nur drei Autostunden ist der Grand Canyon von Las Vegas aus zu erreichen. Die neueste Attraktion dort: der „Skywalk"

SEITEN 28

BÜHNENZAUBER

Entertainment total – in großen Theatern und kleinen Clubs läuft die Unterhaltungsmaschinerie an 365 Tagen im Jahr rund um die Uhr

SEITE 60

SAG JA!

Ob im Auto oder mit Elvis als Trauzeuge – Hochzeiten sind ein weiterer Grund, nach Las Vegas zu reisen

Las Vegas in den Siebzigern: In „Casino“ spielt Robert de Niro den Manager Ace Rothstein, der für die Mafia arbeitet

»Das alles haben wir einzig und allein arrangiert, um an Ihr Geld zu kommen«
Ace Rothstein (Robert de Niro) in „Casino“

FILMFIEBER

Die Kulisse für Blockbuster

Geld, Glamour, Ganoven und Erotik – Las Vegas ist Schauplatz unzähliger Filme und Fernsehserien. Unsere **Top-Five-Movies aus der Spielerstadt:** „Casino“ (siehe Foto), „Fear and Loathing in Las Vegas“ (mit Johnny Depp), „Ocean's Eleven“ (mit George Clooney und Brad Pitt), „Leaving Las Vegas (mit Nicolas Cage) und natürlich „Viva las Vegas“ (mit Elvis Presley). Auch empfehlenswert: US-Serien wie „Las Vegas“ (mit James Caan) und „CSI: Las Vegas“ – sie schüren den Mythos von „der Stadt, in der die Sünde niemals schläft“.

Der höchste Aussichtsturm der USA bietet mehr als nur einen weiten Blick, zum Beispiel Karussellfahren in 300 Meter Höhe

NERVENKITZEL

Stratosphere-Tower

Er ist die „eierlegende Wollmilchsau“ unter den Wolkenkratzern. In der Hotelanlage des 350 Meter hohen Turms lässt sich dinieren, übernachten, zocken sowie in Straßenkopien von Paris, Hongkong und New York shoppen. Außerdem ist die Aussicht phantastisch, und **Adrenalin-Hungrige** kommen „on Top“ auf ihre Kosten. Dort, wo früher bloß eine Achterbahn den Tower krönte, sorgen nun drei andere Fahrgeschäfte für den Kick in luftiger Höhe: „The Big Shot“ katapultiert 16 Insassen auf 330 Meter – zurück geht's im freien Fall. „X-Scream“ ist ein Sturz ohne Folgen über das Ende des Towers hinaus. Und im „Insanity“ wirbeln an Spinnenarmen hängende Gondeln in 300 Metern Höhe über dem Abgrund. Bitte anschnallen!

*One-Way-Komplettpreis für ausgesuchte Abflüge

WWW.TATE.ORG.UK
www.budgieman.co

Vor dem Ohrbiss – Holyfield gegen Tyson (rechts) am 28. Juni 1997 im „MGM Grand“

DRAUFHAUEN

Auch beim Boxen zocken

1978 bestreitet Muhammad Ali gegen Leon Spinks einen der ersten legendären Kämpfe in Las Vegas – und unterliegt. 19 Jahre später: Mike Tyson beißt Evander Holyfield ein Stück Ohr ab und verliert. Die Liste der **Kult-Kämpfe** in Las Vegas lässt sich beliebig verlängern, viele großen Titel werden – und wurden – hier entschieden. Grund: Boxen ist Unterhaltung, es ergänzt die Shows und zieht solvente Spieler an, die auf Boxer setzen – eine Symbiose, die den Veranstaltern viel Geld einbringt.

ZAHLENSPIELE

39 713 982,25 Dollar betrug der höchste jemals erzielte Gewinn am Spielautomaten. Ein 25-Jähriger füllte sich die Taschen am 21. März 2003 im „Excalibur“

832 500 Dollar wöchentlich verdient Celine Dion mit ihrer Show im „Caesar's Palace“

112 670 Paare gaben sich 2006 in Las Vegas das Ja-Wort

24 000 Kilometer Neonröhren beleuchten jede Nacht den „Strip“ und Downtown Las Vegas

837 mal trat Elvis Presley zwischen 1969 und 1977 im Las Vegas Hilton auf

627 Dollar verzockt der Durchschnittstourist innerhalb von 4,5 Tagen

56 Namen stehen in Nevadas „Black Book“ – der Liste für unerwünschte Casino-Besucher

ABFAHREN

Wedeln in der Wüste

45 Minuten – so schnell ist man auf der nächsten Piste. Das Las Vegas Ski & Snowboard Resort in den Spring Mountains ist ein echtes **Wintersportgebiet**. Von November bis Anfang April bieten elf Abfahrten unterschiedlicher Kategorien die Möglichkeit, sich auf den Brettern dort auszutoben, wo manche nur Kakteen vermuten. Diejenigen, die ihre Skiausrüstung nicht mit in die Wüste genommen haben, können hier alles leihen, was man für einen Tag auf Brettern braucht. Im Sommer sind die Spring Mountains eine ideale Zuflucht vor der Hitze.

ABSCHLAGEN

Das Handicap der Golfoase

Ob auf dem „Strip“ oder in den Vororten, ob mit Inselflair oder Toskana-Landschaft – über 60 immergrüne Golfplätze gibt es in und um Las Vegas. Alle haben ein Handicap – sie verbrauchen **Unmengen Wasser,** während die Metropole austrocknet. Die Stadt belohnt inzwischen jeden Hauseigentümer, der den Gartenrasen durch Kies ersetzt. Der verschwenderische Golfplatzbau bleibt davon absurderweise unberührt. Wenn Golf Sport wäre, könnte man ja mit Churchills „no sports“ zum Boykott aufrufen. Aber nicht mal das träfe die Golfer.

Grünflächen in Las Vegas sind fast immer Golfplätze

Sie denken an
Wettbewerb.
Wir auch an
Partnerschaft.
Investment Banking • Private Banking • Asset Management

Foto: H.-D. Zielske

Anziehend: Die volle Pracht der Neonlichter in der mit einem Riesenbildschirm überdachten Fremont Street lockt Nacht für Nacht Abertausende in die „Glitter-Gulch“, Glitzer-Schlucht, Downtown Las Vegas

WELCOME to Fabulous LAS VEGAS

Hereinspaziert in den größten Vergnügungspark der Welt! Wo Erwachsene zu Kindern werden, Realisten zu Phantasten und Träume eine ganze Stadt am Leben halten

HÄTTE GOTT GELD GEHABT, HÄTTE ER DIE GANZE

Foto: Reiner Riedler

WELT SO GEMACHT WIE LAS VEGAS

Angeknipst: Nachts leuchtet Las Vegas in der Wüste wie ein Diamant im Sand. Im Vordergrund das pyramidenförmige Hotel „Luxor“, aus seiner Spitze schießt ein Lichtstrahl 16 Kilometer weit in den Himmel

Ausverkauf: Das Römische Reich als Selbstbedienungsladen. Allerdings offerieren die meisten der rund 150 „Forum-Shops" im „Caesars Palace" ihre Luxusartikel zu Preisen, die beim Käufer einen Casino-Gewinn voraussetzen

IM PALAST DER CÄSAREN IST ALLES KÄUFLICH

Foto: H.+D. Zielske

WELCOME
to Fabulous
LAS VEGAS
NEW YORK? HABEN WIR AUCH, ABER TOLLER

Foto: H.+D. Zielske

Abgekupfert: Vom Goldenen Löwen des „MGM Grand" fällt der Blick auf die Skyline New Yorks und die Freiheitsstatue, beides imposante Nachbauten des Casino-Hotels „New York New York"

Ausflug: Wenn Sara Petersen, Tänzerin in der „Jubilee-Show“ am Strip, der Trubel zu viel wird, flieht sie frühmorgens in die Wüste vor den Toren der Stadt. Mal zum Joggen, mal zum Meditieren, mal zum Tanzen – immer auf der Suche nach Ruhe und Weite

WELCOME to Fabulous LAS VEGAS

MUSS MAN VERRÜCKT SEIN, UM HIER ZU LEBEN

Auferstanden: Elvis lebt! Zumindest in Las Vegas, wo der „King" zwischen 1969 und 1977 rekordverdächtige 837mal auf der Bühne stand. Heute halten Elvis-Imitatoren wie Jesse Garon die Erinnerung an ihr Idol aufrecht

NEIN, ABER ES HILFT

Abgesang: Wie George Clooney & Co. in der Schlusssequenz von „Oceans eleven", beenden Touristen ihre Las-Vegas-Visite mit einem Abstecher zu den tanzenden Fontänen vor dem „Bellagio". Ein Schauspiel, das die Hektik der Stadt für einen Moment vergessen lässt

CAESARS PALACE
OLIVES

ASYL DER TRÄUMER

MARIO PUZO, weltbekannter Autor des „Paten", setzte der Stadt der Sünde mit seinem in Deutschland wenig bekannten Roman „Las Vegas" schon vor 30 Jahren ein Denkmal. Das Bild, das Puzo zeichnet, zeigt auch heute noch die Seele der Stadt

Die Fahrt der „Mayflower", die auslief, um die Neue Welt zu kolonisieren, wurde durch eine Lotterie in England finanziert.

George Washington hasardierte mit allem, überall und jederzeit. Die Nacht, in der er über den Delaware setzte, um die Hessen zu überfallen, war vielleicht die einzige Nacht im ganzen Revolutionskrieg, in der er nicht Karten spielte oder würfelte.

Die berühmten Universitäten Yale, Harvard und Dartmouth wurden mit Geldern aus Lotterien errichtet. Dasselbe gilt für die ersten Kirchen der Puritaner in der Neuen Welt und für die ersten Schulen und Brücken.

Diese Tatsachen führe ich einfach deshalb an, um zu zeigen, dass das Glücksspiel kein widernatürliches Laster, die Stadt Las Vegas – so hoffe ich doch – keine Erfindung des Teufels und auch nicht unamerikanisch ist. An der Meinung, Las Vegas sei die rohe, geldgierige Hauptstadt des Sex und der Sünde, vulgär in seiner Architektur und Atmosphäre, lässt sich ohnehin nichts ändern.

Ich habe Las Vegas immer geliebt. Aber obwohl ich dort sogar einmal meinen Wohnsitz aufgeschlagen hatte, hielt ich es doch tatsächlich nie länger als drei oder vier Tage aus.

Es gilt der alte Satz: Alles zu seiner Zeit. Es gibt eine Zeit für Champagner und eine für Coca-Cola; eine für französische Küche und eine für Pizza; für James Joyce und für Agatha Christie; eine für Wollust und eine für echte Liebe. Einmal zieht man sich für zwei Wochen ins Kloster zurück und ein anderes Mal steht einem eben der Sinn nach drei wilden Tagen in Las Vegas mit Glücksspiel, Saufen und leichten Mädchen.

Alles ist hier auf das Spiel ausgerichtet. Sonst gibt es auch kaum etwas zu tun. Im Sommer ist es für Tennis im Freien zu heiß, und im Winter ist es zu windig. Man spielt also viel Golf und wettet auf den Sieger. Mit dem Erfolg, dass es wahrscheinlich auf dem Golfplatz ebenso viele Reinfaller gibt wie im Casino. Sehenswürdigkeiten gibt es kaum. Man kann zum Hoover-Staudamm fahren, das wär's auch schon. Höchstens noch ein bisschen Bootfahren auf dem Lake Mead oder ein kleiner Reitausflug. Und natürlich am Swimmingpool liegen, der nie mehr als zwei Minuten vom jeweiligen Casino entfernt ist. Aber für den, der das Spiel liebt, wirklich liebt, ist Las Vegas das Größte. Der Luxus der Stadt ist für jedermann zu haben, unabhängig von Rasse, Klasse, Religionen, Aussehen oder anderen Dingen. Alles was man benötigt ist ein bisschen Geld. Dafür bekommt man eine Ahnung von königlichem Luxus, von schönen Frauen und von spektakulären Shows mit den bekanntesten Stars. Es macht nichts aus, dass viele der faszinierenden glitzernden Shows nur selten ein Körnchen ungetrübter Schönheit oder echten Vergnügens enthalten. Alles ist ein Traum, nichts entspricht der Realität. Diese Stadt ist ein Zufluchtsort vor der Wirklichkeit, vor drückenden Sorgen, vor wahrer Empfindung. Und deshalb ist es irgendwie richtig und angemessen, dass Las Vegas von einer Wüste umgeben ist. Von einer Wüste, die gewissermaßen als cordon sanitaire fungiert.

Psychologisch gesehen ist Las Vegas der gefährlichste Ort für das Spiel. Die Casinos halten rund um die Uhr offen, Getränke, Speisen, die Shows sind gratis *(heute nur noch die Getränke, d. Red.).* Der „Strip" hat mehr Neonlicht, als es sich der berühmte Broadway je hätte träumen lassen. Wer sich Jetons für ein paar tausend Dollar kauft, wird mit jener Zuvorkommenheit behandelt, die man in Frankreich oder England dem hohen Adel entgegenbringt. In den Casinos herrscht eine seltsam diffuse, fast märchenhafte Stimmung. Luftzug und Tageslicht werden abgeschirmt, um die Spieler nicht abzulenken. Das Zeitgefühl wird abgeschaltet, nirgends sieht man eine Uhr. Der Besucher wird zum Dornröschen, das darauf wartet, von einem Glücksprinzen wachgeküsst zu werden. Dem Besucher scheint es gar nicht so schlimm, dass ihm während dieses Traums die Taschen geleert werden. Er bezahlt gern dafür.

Abends ist Las Vegas vulgär atemberaubend. Da liegt es mitten in der Wüste, erleuchtet von Millionen, buchstäblich

„Nickel Heaven" oder „Penny Paradies" heißen die Casinobereiche, in denen für kleines Geld um das große Glück gespielt wird

Millionen Dollar aus Neonlicht, auf allen Seiten fast nahtlos von einer Kette schwarzblauer Berge umgeben, die den Zauber des Ganzen noch verstärkt. Atemberaubend nicht zuletzt auch wegen der Frauen. Las Vegas hat mehr schöne Frauen als jede andere Stadt vergleichbarer Größe auf der Welt. Der Grund dafür ist ganz einfach und nur scheinbar zynisch: Geld und schöne Frauen ziehen einander an wie zwei Magnete. Besonders das locker sitzende Bargeld, das sich wie aus einem Füllhorn über Las Vegas ergießt. Doch Vorsicht, nach drei Tagen hat alles seinen Zauber verloren. **So sehr ich Las Vegas liebe, muss ich doch sagen, dass es keine Chance gibt, nach längerem Aufenthalt diese Stadt als Gewinner zu verlassen.** Je länger man bleibt, desto geringer ist die Chance, dass man gewinnt. Sie haben die größten Chancen, in Las Vegas zu gewinnen, wenn Sie nur einen einzigen Abend hinfliegen. Sie nehmen die 17-Uhr-Maschine von Los Angeles und fliegen um Mitternacht wieder zurück, Wenn es sein muss, auch nach Hongkong, aber nur weg. Einmal gewann ich in Las Vegas sehr hoch. Ich beeilte mich, zum Flugplatz zu kommen. Da brach in meiner Maschine ein Brand aus. Anstatt sofort das Weite zu suchen, blieb ich Narr in der Stadt, bis eine andere Maschine nach New York flog. Mit dem Erfolg, dass ich wieder ohne Geld aus Las Vegas heimkam.

Nun ja, offensichtlich können wir das Glücksspiel nicht mehr loswerden. Und da ist und bleibt der beste Ort, sein Geld zu verlieren, eben Las Vegas. Ich für meinen Teil möchte lieber ein besessener Spieler sein, als vor dem Fernseher zu hocken. Und das wird wahrscheinlich auch mein Schicksal sein. Wenn ich einmal zu alt für Sex bin, wenn mir der Appetit auf Pizza und chinesische Ente vergangen ist, wenn meine Paranoia so stark wird, dass ich keinem Menschen mehr trauen oder Liebe entgegenbringen kann, wenn mein Geist austrocknet und ich keine Freude mehr an Büchern habe – dann werde ich mich in Las Vegas niederlassen. Ich werde der elfenbeinernen Roulettekugel nachschauen, meine winzigen Einsätze auf rote und schwarze Zahlen setzen, und der eigentümliche Zauber des Spiels wird mich wieder in seinen Bann schlagen.

Sollte ich in den Himmel kommen, wünsche ich mir keine Engel auf schneeweißen Wolken mit Heiligenschein, nicht einmal die schmachtenden Huris der Mohammedaner. Lasst mich lieber in ein mit Spitzbogen, rotem Plüsch und hellen Lüstern dekoriertes Casino und setzt mir meinetwegen gehörnte Teufel als Croupiers vor. Gebt mir einen Roulettechef im Himmel, der mir unbegrenzten Kredit einräumt. Und wenn es einen gütigen Gott in unserem Weltall gibt, dann wird er anordnen, dass wir, die Spieler, einen ewigen Hausvorteil gegenüber der Bank besitzen. □

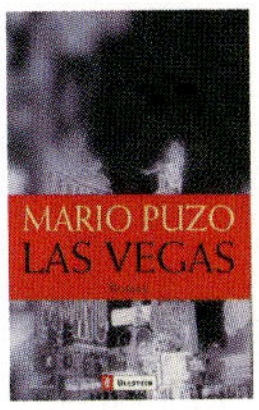

Mario Puzo, geb. 1920 in New York, gestorben 1999 auf Long Island, schrieb 1977 seinen Roman „Inside Las Vegas", aus dem wir hier Auszüge veröffentlichen. In Deutschland erschienen 1999 unter dem Titel „Las Vegas" im Ullstein Taschenbuchverlag, ist das Buch heute nur noch antiquarisch erhältlich.

It's showtime!

Über 100 Shows buhlen in Las Vegas allabendlich um Kundschaft. Von der sündhaft teuren Hightech-Produktion im Luxushotel bis zur Oben-Ohne-Revue im kleinen Strip-Club. Ein Blick vor und hinter die Kulissen

Text: Martina Wimmer, Fotos: Philip Koschel

Ist das Make Up perfekt? Sitzen die künstlichen Wimpern? Passt der Lippenstift? Sara, Christina und Zina machen sich bühnenfein für ihren Auftritt in der „Jubilee-Show" im „Bally's". Seit über 25 Jahren läuft die klassische Vegas-Revue, sechs Tage die Woche, zwei Shows täglich, fast immer ausverkauft

Wasser marsch! Ein wahrlich traumhaftes Spektakel begeistert im „Wynn" zweimal pro Abend das Publikum. Für die Inszenierung von „Le Rêve" (der Traum) wird die runde Bühne unter Wasser gesetzt, fliegen Artisten durch die Luft, stürzen als Fabelwesen verkleidete Akrobaten aus der Kuppel in den Pool

Foto: Tomasz Rossa

Träume

Kein Netz, kein doppelter Boden: Hans Klok, der „schnellste Magier der Welt“, stieg für MERIAN-Fotograf Philip Koschel auf das Dach des „Planet Hollywood Casino“. Trotz 49 Grad im Schatten. Der Holländer ist Heißeres gewohnt: In seiner Show „The Beauty of Magic“ assistiert ihm die frühere Baywatch-Hauptdarstellerin Pamela Anderson

Magie

Klamotten runter: Im „Excalibur“ lassen die australischen „Thunder from Down Under“-Stripper fast alle Hüllen fallen

Flatterhaft: Bei „Jubilee“ fliegen nicht nur die Federn…

Sexy: Im „Flamingo“ räkeln sich die Damen im Cabaret-Stil

sünde

Anziehen zum Ausziehen: Stripper bei der Kostümwahl vor der Show in ihrem wenig glamourösen Umkleideraum

Für die freien Tage im Leben des Christian Garmatter gibt es in Las Vegas eine eigene Bezeichnung. Dienstag und Mittwoch jeder Woche sind „dark“. Das heißt: Die Bühne bleibt dunkel, die Show macht Pause. Tatsächlich bedeutet es oft genug ebenso: auch zuhause die Vorhänge zuziehen, das gleißende Sonnenlicht töten, nichts sehen, nichts hören, nur schlafen. Oder: endlich mal einkaufen und überfällige Rechnungen bezahlen. Oder: rausfahren, in die Wüste, schön einsam sein. Auf jeden Fall: weg von den Lichtern, weg von der Welt, die für Millionen Besucher das reine Vergnügen, aber für die, die dort leben, harte Arbeit darstellt. Rund 700 Tänzer und Tänzerinnen sind am Strip beschäftigt, Christian Garmatter, 25, Deutscher, ist einer von ihnen.

Der Berufsalltag eines Profitänzers ist nirgendwo ein Spaziergang, in Las Vegas ist er ein Marathon. Die Nachfrage regelt das Angebot, über 38 Millionen Menschen im Jahr wollen unterhalten sein, jede größere Show wird zweimal am Abend aufgeführt. Christian Garmatter tanzt in einer der größten, vor 4000 Gästen allabendlich in der jüngsten Las-Vegas-Produktion des Cirque du Soleil: „Love“, ein 90-Minuten-Spektakel, inspiriert von der Geschichte der Beatles. Man hat dafür ein eigenes Theater im „Mirage“-Hotel gebaut, eine 360-Grad-High-tech-Bühne mit 12 000 Lautsprechern für den optimalen Hörgenuss. Der ehemalige Beatles-Produzent George Martin hat die Musik arrangiert, und zur Premiere im Juni 2006 reisten die Überlebenden der berühmtesten Band der Welt vollzählig an: Yoko Ono, Olivia Harrison, Ringo Starr, Sir Paul McCartney. Christian Garmatter hat letzterem die Hand geschüttelt. „Ja“, sagt er. „Na und?“

Christian Garmatter ist Breakdancer und zwar einer der besten, deswegen ist er da, wo er jetzt ist. In Las Vegas, mit einer Truppe von 69 Artisten, Schauspielern, Tänzern aus aller Herren Länder. Christian Garmatters erste Ausbildungsstätte war ein Jugendzentrum in Brandenburg an der Havel. Im deutschen Osten ist er aufgewachsen, seine Eltern und seine Geschwister leben immer noch dort. Jeden Tag nach der Schule hat er mit ein paar anderen B-Boys, also Breakdancern, im „Club am Turm“ „Swipes“, „Handglides“, „Headspins“ geübt, er lernte auf den Händen zu springen und sich auf dem Kopf zu drehen.

Die Stationen seiner Karriere erzählt der drahtige Brandenburger so unaufgeregt, als sei es das Selbstverständlichste, dass eine jugendliche Freizeitbeschäftigung ziemlich direkt auf eine Show-Bühne der Unterhaltungs-Hauptstadt der Welt führt. Er hat in Berlin im Friedrichstadtpalast getanzt und war Teil des „Renegade Theatre“ – ein HipHop-Tanz-Theater, das mit einer Adaption von „Romeo und Julia“ 2004 mehrere internationale Preise gewann. Unter anderem auf dem Fringe-Festival in Edinburgh. Dort haben ihn die Talentsucher des Cirque du Soleil entdeckt, haben ihn zum Vortanzen eingeladen, mehrfach. Aber er wollte nicht. Er hatte schließlich genug zu tun, und er wusste auch nicht, wer ihn da fragt. Die Show-Giganten aus Kanada, die das Unterhaltungssegment in Las Vegas neu definiert haben, fünf permanente Cirque-Shows kann man am Strip besuchen, mindestens zwei weitere sind in Vorbereitung. Christian Garmatter, den in der HipHop-Szene alle „Sancho“ nennen, haben sie mehrmals angerufen und schließlich hat er doch zugesagt. Für ein Engagement in Las Vegas, zwei Jahre. „Dachte mir, das ist halt auch mal eine Erfahrung“, sagt er lapidar.

In den Staaten war er vorher noch nie gewesen, jetzt lebt er seit fast zwei Jahren hier, aber was heißt das schon. In der fünfmonatigen Probenzeit vor der Premiere hat er 15 Stunden am Tag trainiert, und das sieben Tage die Woche. „Danach kann dich nichts mehr schocken.“ Jetzt, da das Stück seit über einem Jahr läuft, hat sich hinter der Bühne eine lässige Routine breitgemacht. Im Aufenthaltsraum der Künstler hängen ein paar stattliche junge Männer auf einem Sofa herum und kommentieren lachend eine Video-Aufzeichnung ihrer halsbrecherischen Sprünge und Salti in der Show. Man begrüßt sich mit betont legerem Handschlag, zwei Stunden vor dem Beginn der ersten Aufführung ist von Nervosität wenig zu spüren.

Wenn sich allerdings im Auditorium das Licht verdunkelt und die Musik aus der Anlage dröhnt, ist sie jeden Abend da, die hundertprozentige Anspannung. Garmatter hat viele Auftritte in der 90-Minuten-Tour-de-Force und gegen Ende zur Krönung ein Breakdance-Solo. „Jede Show ist eine Herausforderung", sagt er und wirkt dabei plötzlich sehr ernst. Der verstärkte Einsatz fordert seinen Tribut. Gerade gegen Ende der Arbeitswoche, wenn jeder müde ist und alle Knochen schon weh tun, müsse man aufpassen, dass man sich nicht gegenseitig anmotze. „Es ist halt wie in einer Firma." Nur krank feiern ohne Grund, das tut hier keiner. Garmatter hat sich im Laufe seines Engagements das Handgelenk gebrochen, Bänder gerissen und ein Stück vom Meniskus. Zeit, sich wirklich auszukurieren hat man in einem Theater ohne Ferien nicht.

Dafür lebt er ganz gut hier, hat ein Haus mit Pool und eine Freundin gefunden, die auch Tänzerin ist in der Show. Wenn seine Eltern ihn besuchen kommen, strahlen sie vor Stolz. Ihr Sohn hat für Tom Cruise getanzt, für Eddie Murphy, Michael Jackson, Prince und Nicole Kidman. Sie alle haben ihm applaudiert. „Dass solche Leute mir zuschauen und nicht ich ihnen, das ist schon cool." Doch sein Ehrgeiz ist ein anderer. Der B-Boy aus Brandenburg will kein Zahnrad sein in einem Unternehmen, das perfekt inszenierte Träume verkauft. Über diese Zwischenstation in der Wüste Nevadas zieht er schon jetzt, elf Monate bevor sein Vertrag abläuft, ein ernüchterndes Resümee: „Die Stadt ist ein Riesenspielplatz für Erwachsene, und der Cirque, das sind verrückte Leute in lustigen Kostümen und irgendeine Story drumherum." Im „Love"-Programm ist Christian Garmatter abgebildet wie ein Vorzeige-Schüler. Darunter steht „Lover". Doch er will lieber „Sancho" sein. Und als Sancho ist er Mitglied der „Full Force Crew", einer hiesigen Breakdance-Truppe. Und wenn er sagt: „Ich will wieder mehr meine eigenen Sachen machen," dann meint er vor allem trainieren für Wettbewerbe, die sie „Battles" nennen. Sich auf dem Kopf drehen vor fachkundigem Publikum. Es wird sich vielleicht wieder ein bisschen mehr anfühlen wie früher im „Club am Turm".

Für Isabella Rosadebusa ist mittwochs Waschtag. Es gibt viele kleine Teile zu säubern und zu bügeln, Isabella ist verantwortlich dafür, dass alles sitzt in der Show. Mit zarten 18 Jahren ist sie „Production Managerin" und Tänzerin und Akrobatin in der Show „Ooh La La" im Hotel Paris. Man hört den Stolz mitklingen in ihrer jungen Stimme, wenn sie das sagt. Auf einem zerschlissenen Sofa liegen ordentlich aufgereiht kurze Röcke, Korsagen, BHs. Vieles davon ist vor allem dazu da, ausgezogen zu werden. Eine alte Tradition in der Stadt, seit 1957 tanzen Damen oben ohne am Las Vegas Boulevard, 17 verschiedene Revues stehen dem interessierten Zuschauer derzeit zur Auswahl. „Ooh La La" nimmt sich im Vergleich zu anderen eher bescheiden aus. In einem Mehrzwecksaal des Hotels, wie er andernorts traurige Vertreterkonferenzen beherbergt, rücken die Showgirls vor dem Einlass selber die Stuhlreihen zurecht. Wenig später füllt sich der Saal mit einem Publikum, das in seiner Mischung so wirkt, als hätte man es wahllos auf der Straße eingefangen. Wohlbeleibte Ehepaare, Familien mit pubertierendem Punker-Nachwuchs, ein paar geifernde Senioren, noch nicht mal ein betrunkener Betriebsausflug. Isabella zuckt mit den Schultern. „Man sieht sie nicht, wenn man auf der Bühne steht. Das Licht blendet sie weg."

Isabella hingegen ist gut zu sehen, wenn sie über den Köpfen der Zuschauer aufgestrapst in einem silbernen Reifen turnt. Sie ist, und der Eifer beim Sprechen wird stärker, in der Show mehrfach gefordert, arbeitet nicht nur als Mädchen für alles, sondern als zweite Besetzung für die Akrobatik-Nummern und als Tänzerin in der Late-Night-Show. Und: Sie ist stolz, dass sie es in jungen Jahren schon so weit gebracht hat. Es sei nicht leicht, ein Show-Girl in Vegas zu werden.

Karriere: Der Deutsche Christian Garmatter tanzt im „Mirage" für den berühmten „Cirque du Soleil"

Knochenjob: Eine Tänzerin des „Crazy Horse Paris" dehnt sich im Backstageraum des „MGM Grand"

Isabella kennt die Anforderungen des Berufsbilds schon länger, ihre Mutter hat ebenfalls auf den Bühnen der Stadt getanzt. Im Rio, im Stardust, im Tropicana, in Shows, bei denen der Federschmuck fast größer war als die Damen, die ihn trugen. Isabella ist im Scheinwerferlicht aufgewachsen, sie ist ein „backstage baby", wie sie selber lachend sagt, und seit sie denken kann, wollte sie auf einer Bühne stehen.

Isabella arbeitet am eigenen Weg ins Rampenlicht mit einer zielgerichteten Disziplin, die manche Jura-Studentin erblassen ließe. Während der Schule hat sie Wettkampfgymnastik betrieben, fünf Stunden am Tag trainiert, im August wird sie Bewegungslehre studieren und weiter sechs Tage die Woche ihrem Dreifachjob bei „Ooh La La" nachgehen. Sie sagt dazu nur knapp: „Ich bin es gewohnt, sehr beschäftigt zu sein."

Die Freuden eines lockeren Jung-Mädchen-Daseins scheinen ihr nicht groß zu fehlen. Ihre Freundinnen jobben bei Starbucks, sie tanzt oben ohne am Strip, wenn es die knappe Zeit erlaubt, gehen sie zusammen ins Kino. Alle schätzen ihre Leistung, mit dem Strippen hat in Las Vegas niemand ein Problem. Einen Kerl, der ihr eifersüchtig den Spaß am öffentlichen Ausziehen verleiden könnte, hat sie nicht, die erfahrene Mutter, mit der sie täglich telefoniert, mahnt außerdem zur Vorsicht. Die meisten Jungs wollten nur mit Showgirls ausgehen, um angeben zu können, habe sie ihr erzählt. Sie pflegt sich lieber für den eigenen Marktwert. „Natürlich", sagt sie fast entrüstet, „muss man ein gewisses äußerliches Erscheinungsbild aufrechterhalten." Regelmäßige Friseurbesuche, Enthaarung, Maniküre, Pediküre, Sonnenstudio, tägliches Work-Out, das sind ihre Investitionen, damit der Reifen, an dem sie noch im Nebenraum des Paris turnt, bald schon höher hängt. Am liebsten würde sie ganz oben schweben, in einem Theater des Cirque du Soleil. Dort wo ein junger Breakdancer aus Brandenburg seine Kunst nicht wiederfindet, wäre Isabella Rosadebusa aus Downtown Las Vegas vielleicht schon froh, dass sie dann beim Turnen immer ein Oberteil trägt.

Davey Hughes zeigt seine Brust immer wieder gerne und aus vollster Überzeugung. Und nicht nur das. Strotzend vor Virilität, mit entschlossenen, schnellen Handgriffen, reißt er sich in neunzig Minuten mehrmals Hemd oder Hose vom Leib. Zwischendrin klopft er breit grinsend Sprüche der Kategorie: „What's the difference between a french kiss and an australian kiss? Australians do it down under!" Aber eigentlich ist es egal, was Davey sagt oder tut, die Damen im Publikum kreischen sowieso. Davey ist 28, Australier, und Teil einer wohl geformten Truppe, die sich „Thunder from Down Under" nennt. Ein Männerstrip-Vergnügen, das dessen Manager Adam Steck streng als „Male Revue Show" bezeichnet haben will. Davey grinst, das tut er gerne: „Zu meiner Mutter sagen sie zuhause in Sydney: Dein Sohn ist ein Stripper. Und sie antwortet immer: Nein, er ist ein Tänzer. Aber, hey, ich zieh' mich gerne aus." Es kann so falsch nicht sein, hat sich Davey vor sieben Jahren gedacht, der große Bruder macht es schließlich auch. Adam Hughes tourte damals mit den leicht bekleideten Kollegen durch Australien, er war Daveys großes Vorbild. Jetzt sind sie beide braun gebrannte Stars der Bühnenshow, die in Las Vegas eine feste Heimat gefunden hat. Es könnte schöner nicht sein, findet Davey, er hat ein eigenes Haus, das Fitness-Studio ist direkt um die Ecke, und der Job, hey, kann man sich einen besseren vorstellen? „Ich bekomme Geld dafür, mich vor Frauen auszuziehen. Wenn ich einen Knopf öffne, quietschen 500 Ladies vor Begeisterung. Davon träumt doch jeder Mann."

Im Backstage-Raum der Männerpuppen, die täglich im Excalibur-Hotel tanzen, wird das Geld der letzten Show gezählt. Das Zimmerchen ist noch kleiner als Isabella Rosadebusas Wäschekammer. Doch die Australier haben sich über Las Vegas hinaus einen Namen gemacht, sie waren auf MTV und CNN zu sehen, eine Zweitbesetzung der achtköpfigen Truppe tourt regelmäßig durch die Staaten. Bei über 100 Shows jeden Abend, gegen die man in der Stadt antreten muss, braucht man Einzigartiges, um sich abzuheben.

Kostüme: Die Nähmaschinen surren nonstop in der Schneiderei der „Le Rêve"-Show. Da viele Szenen im Wasser spielen, werden Spezialstoffe benötigt

Ritual: Mit dem gegenseitigen Schürzenbinden wünschen sich die Tänzerinnen der „Ooh La La"-Show Glück für ihren Auftritt

Es ist der Exotencharme, der die Damen zum Kochen bringt, da ist sich Manager Steck ganz sicher. „Unsere Jungs sind 100 Prozent Australier." Die reden nicht nur anders, sondern lassen amerikanische Kollegen auch sonst ziemlich lahm aussehen, wenn sie über die Tische des tobenden Theaters tanzen, dabei mit dem Hintern wackeln, und gleichzeitig suggerieren, sie könnten auch Krokodile per Handschlag erlegen.

Sich andere Städte, Kontinente, Kulturen einzuverleiben, das ist beste Las Vegas Tradition. Arc de Triomphe, Venedig, altes Rom, Eiffelturm, Ritterburg, Freiheitsstatue und Pyramide, die Welt im Disney-Format prägt zu weiten Teilen das Erscheinungsbild des Strip. Auf den Bühnen ist die Länderschau ebenso erfolgreiches Programm. Bei „Ooh La La" sprechen amerikanische Show-Girls mit französischem Akzent, ein holländischer Zauberkünstler wie Hans Klok bringt im Planet Hollywood gleich die ganze Kindheit zwischen Windmühlen und Holzpantinen auf die Bühne, garniert den Heimatkitsch mit der berühmtesten Assistentin, die man haben kann, mit Pamela Anderson – und schon ist für jeden in Las Vegas was dabei.

Da wundert es dann auch nicht mehr, dass Elvis aus Italien kommt. Wenn man Trent Carlini nach seinem Alter fragt, lächelt er verschlagen und sagt: „Ich bin unsterblich." Verbrieft allerdings ist, dass er in Chicago geboren wurde und im Alter von sechs Jahren mit seinen italienischen Eltern in eine kleine Stadt an der Adriaküste zog. Dort ist er aufgewachsen, mit seinen Geschwistern – und mit Elvis. Seine Eltern waren ergebene Fans. „Es verging kein Tag, an dem wir zuhause nicht über Elvis sprachen. Er war wie ein Familienmitglied."

Unter anderem deswegen steht er jetzt wohl im weißen Nietenoverall vor dem Theater des „Sahara"-Hotels und posiert für die Digitalkameras seiner Zuschauer. Trent Carlini ist der einzige Elvis-Darsteller mit einer eigenen Show am Strip. Er hat sie „The Dream King" genannt. Früher war er Elvis bei „Legends in Concert", aber irgendwann wollte er sich die Bühne nicht mehr mit Madonna und Liza Minnelli teilen, der Elvis in ihm war zu groß für einen Minuten-Auftritt. Jetzt füllt er den Abend mit Elvis-Klassikern und passenden Kostümen. Gibt den GI und den Leder-Rocker, singt „Rock-A-Hula" mit Hawaii-Hemd und „It's Now or Never" im schwarzen Anzug. Das Publikum versinkt dankbar seufzend in roten Samtsesseln und greift sichtlich erregt nach blauen Satinschals, die er beizeiten von seinen Schultern gleiten lässt. Und bevor die Illusion zu albern wird, wirft er regelmäßig ein paar freche Sprüche dazwischen, lässt Trent Carlini kommentieren, nicht Elvis Presley. Das ist ihm wichtig, es ist schließlich seine Show.

Die hatte er in sich, immer schon, so glaubt er. Mit 12 Jahren bereits hat er seinem Vater gesagt: Ich werde eine Elvis-Tribute-Show machen, ich werde ihm würdig sein. Und sein Vater hat geantwortet: Ich habe noch niemals ein Double gesehen, das irgendwas wert war. Mach lieber deine Schulaufgaben. Jetzt ist der Vater sein größter Bewunderer, jede Woche hat er angerufen aus Italien, um seinen Sohn in einer Fernsehshow zum besten Double Amerikas zu wählen. Carlini hat gewonnen und hofft nun, dass die Samtsessel des Theaters sich allabendlich bis zum letzten Platz füllen werden. Seine größte Inspiration, so sagt er, waren Siegfried und Roy, als er 1992 zum ersten Mal nach Vegas kam. Vom Glamour der Magier, die in Las Vegas zur Legende wurden, ist das Ambiente im „Sahara"-Hotel allerdings weit entfernt. An vergilbten Tischen fluchen Zocker in dichte Rauchschwaden, Carlini bestellt sich den zweiten Scotch.

Wer mit Carlini sprechen will, kommt normalerweise an dessen Manager Joey nicht vorbei. „Kommt Trent aufs Cover?", war seine Frage beim ersten Anruf. Der ältere Herr im hellgelben Sakko ist, so wie das Casino, das den „Dream King" feiert, einer vom alten Schlag. Nach der Show regelt er die Geschäfte mit den Fotos und schiebt jede junge Dame mit einem leichten Klaps zum falschen Elvis hin. Jetzt aber hat sich der Manager schon leicht schwankend verabschiedet, und der „King" nimmt die Perücke ab. Carlini wirkt müde, das Make Up klebt schwer auf dem hübschen Gesicht, das Bühnenlächeln ist matt geworden. Es ist, als wäre ihm die selbst gewählte Rolle bisweilen eine Last. An seiner Seite drängelt seine Frau zum Aufbruch, sie ist 23, Brasilianerin, Model, zuhause wartet das zweijährige Kind. Vielleicht hat sie diese Sätze schon öfter gehört, könnte mitsprechen, wenn er leicht pathetisch sagt: „Nur wenige haben Elvis so viel geopfert wie ich." Aber bald, so fügt er hinzu, mache er eine Woche Urlaub in Mexiko. Er möchte generell mehr reisen, sein Alter Ego aber wird weiter in Las Vegas verlangt. „Ich möchte hier nicht leben wie eingesperrt im Paradies", sagt er. Der echte „King" ist daran gestorben. Der Falsche sagt: „Die Show muss mal ein Ende haben", kippt seinen Scotch, nickt seiner Frau zu und geht. □

Martina Wimmer, *Autorin aus Berlin, kam als Elvis-Fan in Las Vegas natürlich auf ihre Kosten.*

Philip Koschel, *Fotograf aus Berlin, kennt die Vegas-Show-Szene schon länger – nur deshalb durfte er auch im Backstage-Bereich fotografieren.*

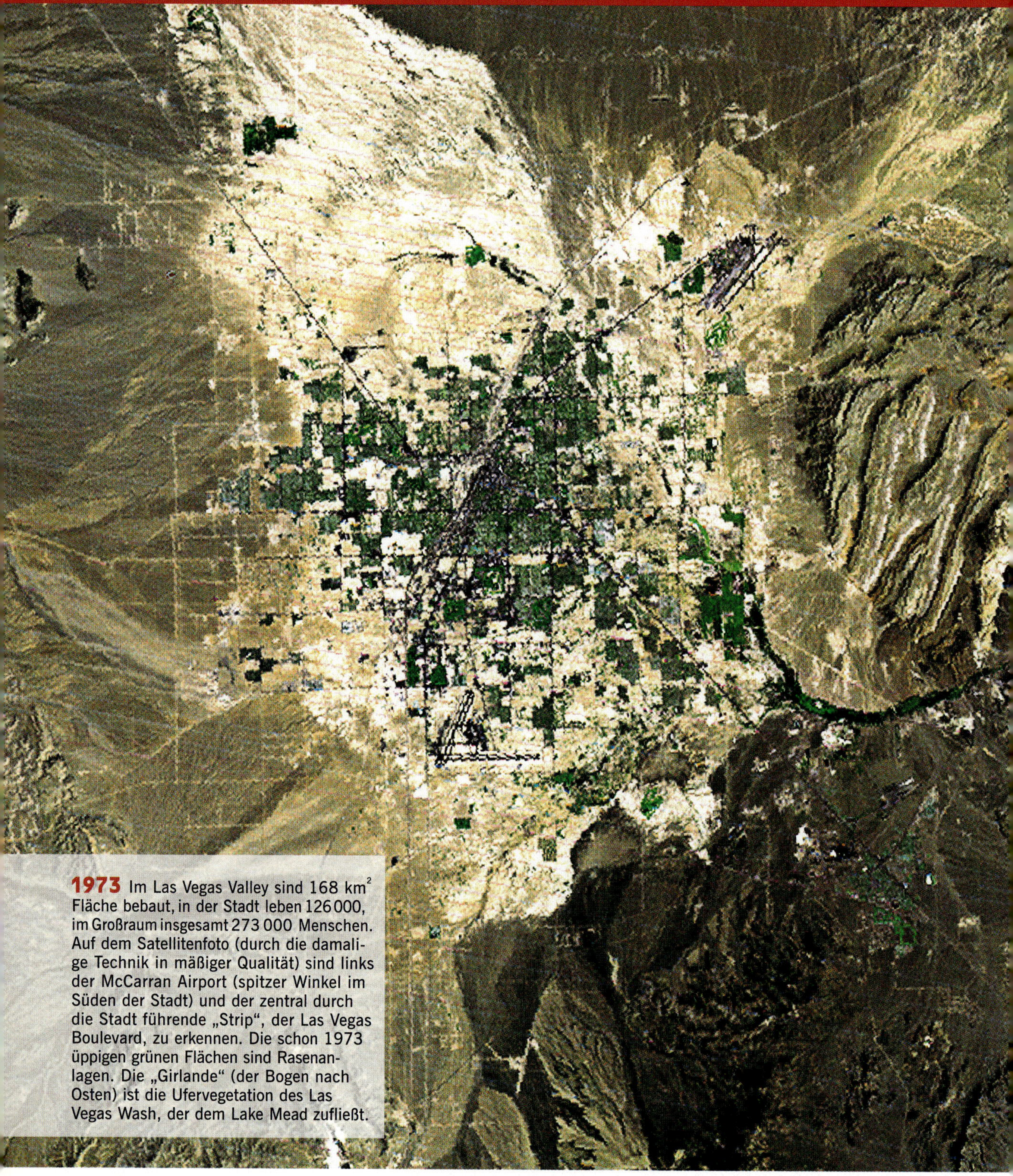

1973 Im Las Vegas Valley sind 168 km^2 Fläche bebaut, in der Stadt leben 126 000, im Großraum insgesamt 273 000 Menschen. Auf dem Satellitenfoto (durch die damalige Technik in mäßiger Qualität) sind links der McCarran Airport (spitzer Winkel im Süden der Stadt) und der zentral durch die Stadt führende „Strip“, der Las Vegas Boulevard, zu erkennen. Die schon 1973 üppigen grünen Flächen sind Rasenanlagen. Die „Girlande“ (der Bogen nach Osten) ist die Ufervegetation des Las Vegas Wash, der dem Lake Mead zufließt.

Stadt statt Kakteen

Las Vegas boomt! Die Wüste muss der künstlichen Oase weichen, weil sich die Zahl der Touristen, Arbeitssuchenden und Einheimischen vervielfacht hat.

2000 Die entwickelte Fläche ist auf 485 km^2 angewachsen. In der Stadt leben 483 000, im Umland 1 426 000 Bewohner. Es gibt ein Vielfaches an Grünanlagen, Wasserspielen und mehr als 60 Golfplätze. Gespeist wird alles vom Lake Mead. Dieser liegt (nicht mehr auf dem Foto) östlich des nach 1988 durch Stau entstandenen Lake Las Vegas (am rechten Rand der Aufnahme), der Mittelpunkt eines gleichnamigen Ferienresorts ist. Der Las Vegas Wash wird als „Bypass“ unter dem Lake Las Vegas Richtung Lake Mead hindurchgeführt.

Der Kontrast zwischen den beiden Bildern könnte nicht größer sein und dokumentiert den Aufschwung: Die unwirtliche Wüste schwindet, die Stadt wächst. In knapp 30 Jahren hat sich die urbanisierte Fläche verdreifacht. Heute strömen monatlich 5000 neue Einwohner ins Valley. Das Jobangebot ist groß, der Steuersatz niedrig. Innerhalb von 35 Jahren hat sich die Einwohnerzahl des County versiebenfacht (1,9 Mio, davon knapp 600 000 im Stadtgebiet). Die bebaute Fläche wuchs auf 632 km^2. Manche Prognosen gehen von einer Verdoppelung der Einwohnerzahl bis 2015 aus. Da der Platz im Wüstental schon jetzt kaum ausreicht, wird verstärkt in die Höhe gebaut. □

Rundgang im_

Bodenlose Frechheit: Als wäre der Grand Canyon an sich nicht schon Attraktion genug, spannt sich seit März 2007 der gläserne „Skywalk“ 22 Meter weit über den Abgrund. Die Besucher tragen an den Füßen Überzieher aus Filz, um das Glas nicht zu zerkratzen. 1200 Meter tief fällt hier der Blick. 25 Dollar kostet das Spektakel, Höhenrausch inklusive

Foto: Art Foxall

Himme

Vier Millionen kommen jedes Jahr, um ihn einmal mit eigenen Augen zu sehen: den **Grand Canyon.** Neuerdings kann man über der gewaltigsten Schlucht der Welt sogar spazierengehen.

Text: Marc Bielefeld

Foto: Christian Heeb

Entlang dem Nankoweap Trail, einer beliebten Wanderroute, bieten sich immer wieder fantastische Ausblicke auf die berühmten roten Felsen und den sich durchs Tal schlängelnden Colorado River

Im tiefen Tal der_ Superfelsen

Die Natur knipst den_ Scheinwerfer a

oto: Patrick Loertscher

Die Abendsonne produziert die kräftigen Farben im Grand-Canyon-Nationalpark. Besonders schöne Lichteffekte entstehen, wenn, wie hier, Regenschauer über den Isis Temple ziehen

Auf dem Mond war er nur Zweiter. Die ersten Schritte durfte Neil Armstrong machen, als die Amerikaner im Juli 1969 auf dem Erdtrabanten landeten. Aber dieses Mal, im März 2007, ging Edwin „Buzz" Aldrin als Erster raus.

Er trug Filzpantoffeln, damit der gläserne Boden nicht zerkratzte. Die ersten Meter waren noch harmlos, der felsige Grund nur zehn, zwanzig Meter unter ihm. Langsam ging er weiter, die Presse, das Fernsehen gebannt im Hintergrund. Dann schritt er hinaus.

Hinaus auf eine 30 Millionen Dollar teure, mehr als 450 Tonnen schwere Stahlkonstruktion, die Windgeschwindigkeiten von 160 Stundenkilometern standhalten soll. Hinaus auf einen hufeisenförmigen Balkon, der 22 Meter weit über eine fast lotrecht abstürzende Felswand hinausragt. Der Boden aus fünf entspiegelten, zusammen sieben Zentimeter dicken Glasschichten bestehend, die von der Kölner Firma Kinon Porz angefertigt wurden. Eine durchsichtige Plattform, die mitten in die offene Schlucht hinausführt.

Als Aldrin am Rand der glasklaren Terrasse angelangt war, kamen ein paar Hualapai-Indianer an die Seite des ehemaligen Astronauten. Sie hielten sich an den Händen. Sie schwiegen – und standen frei über der Westkante des Grand Canyon. Unter ihren Füßen fiel der Blick ins Bodenlose: 200 Meter senkrecht nach unten, danach noch einmal tausend Meter in die Schräge hinabstürzend. Die Menschenmenge am Rand, die Leute von der Presse applaudierten. Der PR-Gag war gelungen. Die Schlagzeile sicher. Und der „Skywalk", die bislang irrwitzigste Touristenattraktion am Grand Canyon, eröffnet.

Heute dürfen auch die aus aller Welt angereisten Meiers und Müllers nicht mehr nur am Rand des legendären Abgrunds spazieren gehen. Sie können mitten in die Schlucht hinausschreiten. Höhenangst als Ferienknüller. Das Geschäft läuft. Rund 600 000 Besucher pro Jahr erwarten die Betreiber im Reservat der Hualapai-Indianer, auf deren Terrain sich das ganze Spektakel abspielt. Und in der Tat: Es ist rammelvoll an diesem wolkenlosen Tag im Juli. Die Besucher kommen in Bussen, per Flieger, per Mietwagen. Sie kriegen Lunch-Packages oder können in der Kutsche durch eine nachgebaute Westernstadt holpern. Aber, natürlich, der Spaziergang mit dem Vertigo-Faktor, 25 Dollar pro Kopf, ist der Knüller.

Dabei ist der Grand Canyon allein schon ein Hingucker. Unangefochtener Star aller Schluchten der Welt. Und ähnliche Naturwunder wie den Ayers Rock in Australien oder Italiens Vesuv übertrifft der „GC" mit seinen schieren Dimensionen. Über Millionen Jahre hinweg hat der reißende Colorado River eine 445 Kilometer lange Schneise in das Gestein des Colorado-Plateaus gefräst. Bis zu 25 Kilometer breit. Bis zu 1700 Meter tief. Gesäumt vom South Rim und North Rim, den Rändern der Schlucht, von denen der Blick hinabkippt wie in den Abgrund der Erdgeschichte.

Vor dem Besucher tut sich eine Monsterschlucht auf. Hunderte Meter tief abfallende, zerschundene, zerklüftete Steilwände. Felstürme, Felsnadeln, Felskathedralen. Wohin man blickt: Die seit etwa siebzig Millionen Jahren von tektonischen Verschiebungen, Erosion und der Gewalt des Flusses aufgeschlissene Erdkruste gleicht einem steinernen Irrgarten, mit gewaltigen Wänden aus bis zu 1,7 Milliarden Jahre alten Gesteinsschichten, die, wenn die Sonne im richtigen Winkel steht, erst orange-, dann pinkfarben und anschließend blutrot zu leuchten beginnen.

„Viele Leute schweigen, wenn sie es sehen", erzählt Outdoor-Freak Bruce Brossman, Manager für die Unterkünfte im Grand Canyon National Park. „Und es gibt einige, die, wenn sie das erste Mal über die Kante hinwegblicken, anfangen zu weinen."

Mehr als vier Millionen Menschen kommen jedes Jahr hierher, doch um sie zufriedenzustellen, reicht nicht mehr allein die Aussicht. Die Besucher können Rafting-Trips machen, in Helikoptern zwischen den Felsen her und über die Schlucht hinwegfliegen, sie können auf Maultieren reiten und mit dem restaurierten Zug der „Grand Canyon Railway“ durch das Besucherdorf dampfen. Und neuerdings nun über dem Schlund des Canyons spazieren gehen.

Vor dem „Skywalk“ müssen alle ihr bewegliches Gut ablegen, Rucksäcke, Kameras, danach einen Metalldetektor durchschreiten, Filzsocken überstreifen – um sich dann, wie auf dem Rummel, in einer langen Schlange über die Abbruchkante hinauszuwagen.

Amerikaner, Japaner, Europäer. Junge, Alte, Kinder: Vorsichtig machen sie die ersten Schritte, halten sich noch am Geländer fest, gehen an der Seite entlang, da, wo das Milchglas nicht gleich den Blick in die gähnende Tiefe freigibt. Eine Schweizerin ist schon zum dritten Mal hier. Mittig auf dem 1,50 Meter breiten Streifen, genau da, wo es so schön durchsichtig ist, trippelt sie über den Schwindel erregenden Rundkurs. Starrt nach unten, seitlich in die Weite, „großartig, unfassbar!“, ruft sie. Andere hangeln sich an der schulterhohen Brüstung entlang, klammern sich an den Verwandten fest – bloß nicht hinabblicken. Die Lust an der eigenen Angst als Motivator für das gesteigerte Urlaubserlebnis.

Ganz außen auf dem Balkon, lässig, mit gelbem T-Shirt und Walkietalkie am Gürtel, steht Gary. Er ist einer der Sicherheitsleute, die aufpassen, dass alles glatt geht. Seit der Eröffnung ist er dabei und rattert die Fakten inzwischen runter wie ein Tonband. „Maximal 120 Leute dürfen auf einmal raus“, sagt er. „Aber keine Sorge. Das Ding trägt 71 Millionen Pfund, das Gewicht siebzig vollbeladener Jumbo-Jets. Hält Erdbeben der Stärke acht stand.“ Täglich tasten sich 800 bis 2000 Menschen über den Laufsteg. Probleme, sagt Gary, gäbe es selten, die meisten hätten ihren Spaß. Nur manchen würde schlecht, „aber Panikstarren habe ich noch nicht erlebt“.

Wenn der herrliche Schrecken durchstanden ist, können sich die Besucher am Ausgang keinen Hotdog, sondern einen „Skydog“ genehmigen und auf Wunsch automatisch geknipste Fotos erstehen. Das Bild für 21, das Dreierpack für 48 Dollar. Artig stehen sie in der Schlange an. Brenda, die Dame an den Fototerminals, ruft: „Next in line, please!“

Die Idee zum „Skywalk“ hatte, selbstverständlich, eine Firma aus Las Vegas. Denn Vegas, mit 150 Meilen nur eine Tankfüllung entfernt, lässt sich immer neue Attraktionen einfallen, um Besucher in den heißen Südwesten der USA zu locken. Die dann irgendwann auch in den Casinos landen. Vegas braucht Kunden. Und Vegas holt sie sich. Denn das Geld, es darf niemals aufhören, in die Wüste zu strömen.

Doch auch den Hualapai-Indianern ist der gläserne Balkon eine willkommene Einnahmequelle. Den Betreibern aus Vegas haben sie eine Konzession erteilt, anteilig verdienen sie an jedem Dollar mit. Und auch, wenn einige den „Skywalk“ kritisieren, weil er in den Canyon rage wie ein architektonisches Unding, die Entscheidung beruht auf Kalkül. Unten in der Wüste wohnen viele Indianer in Baracken, in zerfallenen Wohnwagen; sie leben davon, am Rande der staubigen Highways Ketten, Armreifen und selbstgeschnitzte Tomahawks zu verkaufen.

Wilfred Whatoname ist einer der älteren Hualapais, die den Stamm vertreten. Er gibt sich als wandelndes Touristenmotiv, oben am „Skywalk“ parliert er mit den Gästen, er trägt weite Jeans, Indianerschmuck, zwei Federn in den langen schwarzen Haaren. Er sagt: „Eine Million Acres Land haben uns die Weißen zurückge-

Schwindelnde Höhe Verglichen mit der Tiefe des Grand Canyons und der Höhe seines „Skywalk“ wirken Frankfurter Messeturm, Pariser Eiffelturm und das New Yorker Empire State Building wie Spielzeug aus dem Legoland

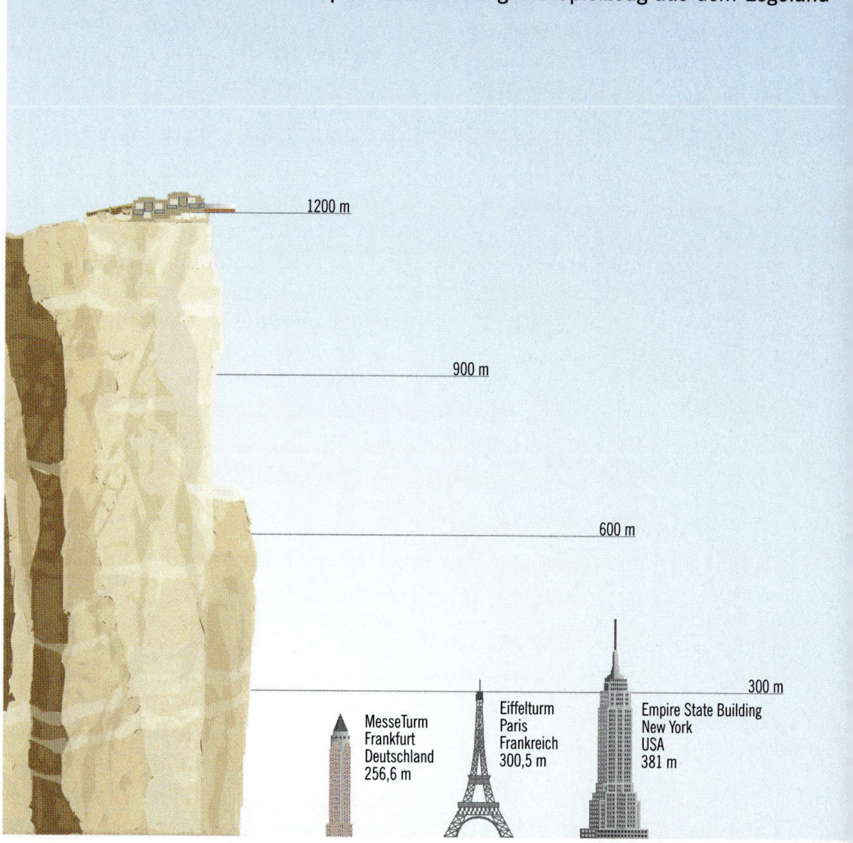

Jahren gehört den Indianern der Skywalk_

geben. Ein Bruchteil von dem, was wir einst besiedelten." Whatoname lächelt, er stellt sich für ein Foto mit einer Taiwanerin auf, er macht dies nicht aus Spaß. Es ist vielmehr so, dass er und der alle vier Jahre gewählte Vorstand des Hualapai-Stammes den modernen Tourismus längst begriffen haben. Und nun die Zukunft planen.

„Ab 2032 werden wir alle ‚Skywalk'-Einnahmen für uns behalten können", sagt der Indianer in den schweren Boots. „Wir wollen, dass unsere Enkel einmal etwas haben, womit sie ihr Geld verdienen können." Whatoname ist inzwischen überall zu sehen. Mit Mokassins und Kopfschmuck ziert sein Konterfei die Kataloge, die Plakate, die Flanken der riesigen Reisebusse. Whatoname ist alles andere als ein Hinterwäldler. Whatoname ist Businessman. In einer Stunde geht sein Flieger nach Vegas. Meetings.

Die meisten Besucher indes kommen, sehen und fahren weiter. „Der Grand Canyon ist ein typisches ‚Abhak-Ziel', um zu Hause sein Fähnchen auf die Hotspots der Weltkarte zu stecken", sagt Bruce Brossman. Allerdings sei der Anblick der Schlucht auch kaum zu überbieten. Brossman: „Unter den großen Naturwundern der Welt hat nichts einen solchen Wow-Faktor wie der Grand Canyon." Mit anderen Worten: Wer an die Kante der Steilwände herantritt, dessen Kinnlade klappt langsam, aber automatisch runter.

Von einem Plateau des West Rim flogen hier schon Thelma und Louise hollywoodreif ins Schlussbild. Vor ihren Mondflügen gingen die NASA-Astronauten mit Geologen just in dieser Gegend auf Vorbereitungstour. Nach wie vor kommen Forscher, um an den Gesteinsschichten die Rätsel der Erdwerdung abzulesen – und auch einige Besucher wollen den Canyon intensiver erleben. Rund 40 000 pro Jahr kriegen eine Genehmigung und steigen mitten in den Canyon hinab, bis runter zum Colorado-Fluss. Die meisten wagen es über ausgewiesene Routen wie den Kaibab oder den Bright Angel Trail. Allerdings sind auch diese Touren nicht schmerzfrei. Zweimal 1500 Meter Höhenunterschiede und Temperaturwechsel von mehr als 30 Grad wollen gemeistert werden. Die Wanderer müssen steile Geröllhänge queren, kiloweise Wasser mitschleppen und mehrere Klimazonen durchschreiten, bevor sie am Boden der Schlucht die Hitzekeule trifft. Über den schwarzen Felsen erwärmt sich die Luft im Sommer bis auf 45 Grad im Schatten.

„Viele sind platt, bevor sie wieder rauf müssen", sagt Mark Wunner, einer der 400 Ranger, die im Park für Ordnung sorgen. Wunner arbeitet oben im Backcountry Office, vergibt dort die limitierten Genehmigungen für Übernachtungen im wilden Hinterland der Schlucht. Seine wichtigste Aufgabe: All diejenigen mit Karten, Notfallnummern und gutem Rat versorgen, die sich mit Zelt und Rucksack für mehr als einen Tag hinabbegeben wollen, um das Reich der Pumas, Adler und Kojoten auf eigene Faust zu durchmessen.

Ein Wagnis, das einen mit unerhörten Eindrücken belohnen, aber auch mit dem Abtransport per Hubschrauber bestrafen kann. Bis zu 300 Wanderer müssen jedes Jahr aus dem steinernen Riesenkessel gerettet werden, meistens Männer zwischen 18 und 40 Jahren, die sich selbst über- und den Canyon unterschätzen. „Um die Tour zu schaffen, muss man weniger fit als vor allem smart sein", sagt Ranger Wunner mit seinen klaren blauen Augen, in der adretten Uniform des NPS, des National Park Service. Wasser, Strecke, Krafteinteilung. Nur wer richtig

Urlaub am Abgrund

Made in Germany ist das Glas des 45 Meter langen Rundbogens. Im Skywalk Center befinden sich Schließfächer, in denen die Besucher Kameras, Taschen etc. abgeben müssen. Ein Hotel und ein Restaurant sind im Bau

Der Bright Angel Trail ist eine der beliebtesten Reit- und Wanderrouten im Grand Canyon. Rund 1500 Höhenmeter und Temperaturunterschiede von 30 Grad sind zu bewältigen

plant, kommt runter. Und wieder hoch. In der parkeigenen Zeitung *The Guide* werden vorschnelle Abenteurer dezent auf die Strapazen hingewiesen. „Es gibt meistens zwei Reaktionen auf die Tour. Die einen können es kaum erwarten, wiederzukommen. Die anderen schwören, dass sie es nie wieder tun werden."

Es ist abends, es ist kurz nach sieben am Yavapai-Punkt an der Südkante zur Schlucht. Weit hinten, auf der Ebene des Colorado-Plateaus, ziehen „Dust Devils", staubige Windhosen, über das Land. Einige Bäume ragen aus der kargen, rostbraunen Erde. Sonst nichts. Doch plötzlich beginnt ein großes Gedrängel.

Sie strömen zu Fuß. Sie kommen in Autos, Bussen, Jeeps. Sie halten die Kameras parat und platzieren die Stative. Es ist die rechte Zeit, jetzt das wichtigste Motiv des Urlaubs in den Kasten zu kriegen. Gleich geht die Sonne unter. Gleich knipst die Natur die Scheinwerfer an.

Und dann geschieht es. Die Felsen an den Osthängen werden im schrägen Sonnenlicht erst hellbraun, changieren langsam zu einem leuchtenden Gelb, das Gelb wird greller, dunkler, satter. Das Gelb geht anschließend in ein schrilles Orange über, die Finger tippen jetzt hundertfach auf die Auflöser, Pärchen liegen sich in den Armen, träumen, gucken, schweigen.

Dann holt die mächtigste Schlucht der Erde ein letztes Mal an diesem Tag Luft. Wird fanalrot, brillantrot, ein Glimmen erscheint, und dann gehen die gesamten Ostflanken des Grand Canyon in Flammen auf.

Die Menschen, es ist seltsam, reden in diesem Moment wenig. Keine Rufe, kein Hurra. Stattdessen: Stille, Andacht. Für ein paar sonderbare Sekunden ist es, als würde sie aus der Schlucht emporstrahlen. Die Übermacht der Schöpfung. □

Marc Bielefeld, *Autor aus Hamburg, bereiste den Südwesten schon öfters - und ist immer wieder hingerissen.*

MERIAN | TIPP Grand Canyon

Bundesstaat
Arizona

Art des Gebiets
Nationalpark und Indianerreservat

Entfernung von Las Vegas
- Skywalk (Hualapai-Reservat) 240 Kilometer, rund drei Autostunden
- Grand Canyon National Park 450 Kilometer, rund fünf Autostunden

Eintritt
Park: 25 Dollar pro Fahrzeug; Reservat: Erwerb eines „Package" obligatorisch (ab 50 Dollar pro Person; Skywalk zusätzl. 25 Dollar)

Orientierung
Der Canyon ist in zwei Teile gegliedert. Der Skywalk liegt im Gebiet des Grand Canyon West und gehört zum Reservat der Hualapai-Indianer. Weiter im Osten sind die Zugänge zum Grand Canyon National Park (über die Orte Williams und Tusayan im Süden oder über Cameron im Osten, jeweils über die Straße 64). Die meisten Besucher bevorzugen den South Rim (Südrand), wo Grand Canyon Village mit Hotels und Campingplätzen liegt. Abgelegener und ruhiger ist der North Rim (Nordrand).

Aktivitäten
An den Zugangsorten sind Sightseeing-Flüge und Helikopter-Touren zu buchen (ab 120 Dollar). Weitere Angebote für Touristen: Camping, mehrtägige Ausritte auf Maultieren, Besuch von Westernstädten, Biketouren, Wandern am Rand des Canyons, Hochzeits-Arrangement. Highlights sind ein- bis zweiwöchige Rafting-Trips auf dem Colorado River, mitten durchs Tal des Canyons.

Infos
Grand Canyon West (Skywalk):
www.destinationgrandcanyon.com
Nationalpark:
www.nps.gov/grca

Das Field Institute bietet Ausflüge mit Rangern an, die über Geologie und Tierwelt informieren.
Tel. (928) 638 2485
www.grandcanyon.org/fieldinstitute

Wer zum Colorado River hinabwandern will (ausgewiesene Routen), sollte zwei bis drei Tage einplanen. Nötig: eine Erlaubnis (permit) vom Backcountry Information Center (im Voraus bestellen!).
Tel. (928) 638 7875
www.nps.gov/grca/planyourvisit/backcountry.htm

Übernachten
Nationalpark
Am South Rim gibt es Hotels und Campingplätze. Von hier aus starten auch die Trekking-Trips. Bestes Haus am Ort ist das historische „El Tovar Hotel", DZ ab 142 Dollar, günstigere Hotels wie die „Yavapai Lodge" ab 98 Dollar pro Nacht. Camping ab 27 Dollar pro Nacht.
Infos und Reservierungen:
Tel. (928) 638 2631
www.grandcanyonlodges.com

Grand Canyon West (Skywalk)
Die „Hualapai Lodge" im kleinen Peach Springs ist an der legendären Route 66 gelegen. Von hier aus ist der Skywalk in einer bis anderthalb Stunden zu erreichen. DZ ab 70 Dollar.
Tel. (928) 769 2230
www.destinationgrandcanyon.com/lodge.html

iRB
RUGBY
WORLD CUP
2007
WORLDWIDE PARTNER
SICHERHEIT LIEGT IN UNSERER NATUR.
308
Ab € 14.950,–*
www.peugeot308.de Probefahrten und Infoline: 0 18 01/111 999 (€ 0,06/Min.)
Entdecken Sie eine neue Art von Effizienz. Perfekte Straßenlage durch verbreiterte Spur und optimale aktive sowie passive Sicherheit in jeder Situation. ■ ESP, ABS, ASR und Notbremsassistent ■ Serienmäßig 7 Airbags inkl. Lenksäulen-Airbag ■ 2 hintere Seitenairbags** ■ Spurhalteassistent (AFIL)** ■ 5 Sterne im Euro-NCAP-Crashtest zum Schutz erwachsener Fahrzeuginsassen ■ Dynamisches Kurvenlicht und Bi-Xenon-Scheinwerfer*** ■ Navigations-/Telematiksystem** mit Notruf-Dienst und Lokalisierungsfunktion ■ Hochwertiges Innenraum-Ambiente. Erleben Sie das entspannende Gefühl von Komfort und Sicherheit im neuen PEUGEOT 308.
VON NATUR AUS EFFIZIENT.
308
PEUGEOT
PEUGEOT EMPFIEHLT TOTAL
* Unverbindliche Preisempfehlung des Herstellers.
**Je nach Niveau optional erhältlich. ***Ab Niveau Platinum serienmäßig.
Kraftstoffverbrauch in l/100 km: kombiniert 4,7–7,9; CO2-Emission in g/km: kombiniert 125–188 gemäß RL 80/1268/EWG.

Text: Emanuel Eckardt, Fotos: Philip Koschel

DOWNTOWN – AM RANDE DER STADT

Der alte Stadtkern ist schon lange nicht mehr das Zentrum von Las Vegas. Mit Tradition und jungen Typen bringt Downtown sich jetzt wieder ins Spiel

Schlicht, aber schillernd: Die Kasinobauten an der Ecke Fremont Street/Main Street sind weniger aufwändig als am Strip, das Lichterdach des „Plaza"-Hotels ist ein viel fotografierter moderner Klassiker

What you see is what you get: Zwei Stripteasetänzerinnen werben schaukelnd für ihre Show im „Talk Of The Town“. Bei Temperaturen von über 40 Grad Celsius dürfte ein Bad im Planschbecken neben den Voyeuren auch den Aktricen gefallen

Elvis-Imitatoren gibt es in Vegas wie Sand in Nevada, aber keiner gibt den King so cool wie Jesse Garon in seiner „Art Bar“

GELEBTE EITELKEITEN BELEBEN DAS VIERTEL

Mode und Design aus den 1940er und 1950er Jahren verkauft Taylor Nichols im Kult-Shop „The Attic“

Am Swimmingpool des „Golden Nugget“ schießen die Badegäste durch das Haifischbecken. Nur wenige Zentimeter Kunststoff trennen sie vor den Raubfischen mit den scharfen Zähnen, die gelassen ihre Bahn ziehen. Abends, zur Happy Hour, wird die durchsichtige Röhre geschlossen. Am Pool, der den blau illuminierten Tank umschließt, werden Drinks serviert. Kein anderes Hotel in Las Vegas hat so einen Pool.

Das „Golden Nugget“ ist das Glanzstück unter den Downtown-Hotels, seit Steve Wynn vor 35 Jahren den Klassiker an der Fremont Street in die Finger bekam. Der Casinoboss steckte Millionen in die Renovierung des alten Casinos, tauchte Säle und Fluchten in Weiß und Gold, hellte sie auf mit Lichterketten und errichtete einen Showroom, in dem Frank Sinatra in den Achtzigern seine einzigen Downtown-Auftritte ablieferte.

Downtown Las Vegas hatte die Frischzellenkur bitter nötig. Hier fing alles an, hier bunkerten die Lokomotiven der Union Pacific frisches Wasser. Hier entstanden die ersten Spielhöllen, die ersten Casinos, strahlten die Lichter von „Glitter Gulch“, der Glitzerschlucht, in den Nachthimmel. Aber nach dem ersten großen Boom geriet die Keimzelle der Stadt ins Abseits, verblasste neben dem Strip, der südlich der Stadtgrenzen die Lichter setzte und an dem ständig neue, schönere, größere Themenhotels eröffneten. Die Glitzerschlucht sah ziemlich alt aus, war eher der Lumpensammler, Sammelbecken der Low-Budget-Touristen, die vor allem trinken und spielen wollten, die weniger an Shows und teuren Shopping-Malls interessiert waren.

Die historische Stadtmitte drohte zum Hinterhof zu werden. Vegas für Arme, Glitter Gulch für Kleingeld mit billigen Hotelzimmern, in denen sich niemand allzu lange aufhielt, denn die Musik spielte in den Casinos, in den Maschinenhallen der einarmigen Banditen, an den Roulette-, Blackjack- und Pokertischen.

Doch eines hat Downtown dem Strip voraus: Nur hier ist Las Vegas Stadt. Auch wenn es kaum mehr als eine Straße mit drei Kreuzungen ist, die Stadtmitte ist ausbaufähig, hat die Chance, mehr zu sein als eine Ansammlung von Hotels, als eine Aneinanderreihung künstlicher Welten. Deshalb war es eine gute Idee der zehn Downtown-Hotel- und Casinobosse, die Fremont Street in eine überdachte Fußgängerzone zu verwandeln.

Ein heißer Tag. Draußen steigt das Thermometer auf 108 Grad Fahrenheit (42 Grad Celsius). Heißer, trocke-

Mit leuchtenden Reklameschildern zieht Vegas seine Besucher an. Die ausrangierten Werbeträger landen auf dem „Neon Boneyard“, der Sammelstelle des Neon Museum

ner Wüstenwind raubt den Atem, als hätte man sich in einem Backofen verirrt, höchste Gebläsestufe. Weiße Sonne bräunt und gart.

Unter dem halbrunden Dach über der Fremont Street bei „Starbucks“ ist es vergleichsweise erfrischend, Sonne hat keinen Zugang, und die weit offenen Türen der Casinos blasen klimatisierte Innenluft auf die Flaniermeile. Sin City, Stadt der Sünde, sie sündigt lustvoll und bedenkenlos, verschwendet Wasser, Strom und Energie. Klimaanlagen fauchen angestrengt, kühlen Spielhallen, Restaurants und Hotelzimmer auf gefühlte 18 Grad herunter. Der Sommer in Las Vegas ist immer gut für eine Erkältung.

Bei „Starbucks“ sind die Blechtische Logenplätze für den Blick auf die amerikanische Menschheit in allen Farben und Schattierungen. Die Welt zieht vorbei, Latinos, Asiaten und Afrikaner, Cowboys und späte Hippies, Muscleshirt-Athleten und Junkfood-Amerikaner mit Bagelbäuchen, watschelnde Vierteltonner und bettelarme Tagediebe. Vor dem „Mermaid Casino“ stehen langbeinige Girls in grellen Straußenfederkostümen, Seejungfrauen, die Coupons verteilen.

Plötzlich donnern Motoren, teilt sich die Menge für eine Karawane brutal aufgemotzter Kraftfahrzeuge, die Teams von Red Bull, Bill McBeath und Terrible Herbst Motorsports („The best bad guys in the West“) lassen es krachen, Racing Trucks, wild lackierte Offroad-Wüstenwühler rollen auf den roten Teppich, die Fahrer signieren Fanposter. Das Publikum steht Schlange.

Die Fremont Street, historisches Herzstück von Downtown, ist zum Showroom geworden. Und was für einer! Wenn es Nacht wird, verlöschen die Lichter der Casinos, wird der Himmel zum programmierten Ereignis. Über das Deckengewölbe laufen Filme, rollen Würfel, tanzen Showgirls. „The biggest big screen on the planet“, eine Straße unter Dach, und dieses 457 Meter lange Dach ist ein Großbildschirm, eine Fläche mit 12,5 Millionen LED-Birnen, 4,2 Millionen Pixeln und 16,8 Millionen Farben, ein gigantisches Programm, dazu ein überirdischer Sound, der mit einer halben Million Watt aus hochragenden Lautsprecherbäumen vom Donnerhimmel auf die Menge herabregnet, die in vieltausendfachem Staunen nach oben starrt bis der Nacken schmerzt.

Die Stadt hat ihre Mitte zurückerobert, einen Ort, um Neujahr zu feiern. Dann versammelt sich hier eine halbe Million Menschen, spielt die Fremont Street in derselben Liga wie der Times Square in New York.

Die Show kostet nichts. Das ist der Kick. Zimmer sind auch billig zu haben in Downtown, Doppelzimmer gibt es ab 26 Dollar die Nacht, und im „Fremont Hotel“ lockt das „Paradise Buffet“ unter Palmen. 5,99 Dollar und „all you can eat“, mit einer Fleischbrutzelstation von nahrhaft erstaunlicher Breite. Der Gast soll sein Geld ins Casino tragen. Glücksspiel ist immer noch das Leitmotiv in Downtown Las Vegas. Der Sound in den Spielhallen ist unverändert, Ring-a-Ding-Ding, 24 Stunden am Tag, das unverwechselbare vielstimmige Gluckern, Glucksen und Hämmern elektronisch programmierter Drehorgeln, diese ewig klingelnden Registrierkassen, die sauer verdientes oder schwer ergaunertes Geld in die Tresore der Casinos schaufeln. Und in Las Vegas geht es um viel, viel Geld: 39 Millionen Besucher bescheren dem Stadtkämmerer allein durchs Glücksspiel jährlich acht Milliarden Dollar, fast die Hälfte der städtischen Einnahmen.

Downtown Las Vegas ist ein Stadtkern mit Zukunft. Nach Osten lockert sich das Stadtbild schnell. Fremont East fingert zögernd ins Fragment einer Stadt; Kneipen, Bars, Shops nicht nur für Touristen, sondern für Stadtbewohner, die faire Preise erwarten. Sie treffen sich im Vintage-Shop „The Attic“ oder im „Salon of Beauty“, einer angesagten Bar in einem ehemaligen Friseursalon. Und natürlich in der „Art Bar“, einem schrillen Künstlertreff in der Main Street. Jesse Garon, der bekannteste Elvis-Imitator der Stadt, betreibt den skurrilen Schuppen, in dem wechselnde Ausstellungen junger Künstler gezeigt werden.

Wer der Geschichte von Las Vegas nachspüren will, muss weit hinaus. Das Nevada State Museum liegt am Twin Lakes Drive in einem Park. Ein Schild weist darauf hin, dass dieses öffentliche Gebäude nicht mit Schusswaffen betreten werden darf. Die Sammlung sortiert die Naturgeschichte Nevadas in Schaukästen, zeigt die Texasklapperschlange in ihrer diamantenen Schönheit und informiert über Bulldogfledermäuse, die sich in einer Parkgarage des McCarran International Airport angesiedelt haben.

Die Tierwelt! Manche Biester können einem Angst machen, wie Phobosuchus, das zwölf Meter lange Horrorkrokodil, das diese Gegend vor 60 Millionen Jahren unsicher machte und nun im Natural History Museum am Las Vegas Boulevard gezeigt wird. Die Dinos, die einst hier gelebt haben sollen, sind lebensecht inszeniert. Der Triceratops dreht bedrohlich den

„TRADITION STÄRKT DAS SELBSTBEWUSSTSEIN"

Downtown-Faktotum GI Joe ist Stammgast im Restaurant des „White Cross Drugstore". Der wohl eleganteste Obdachlose der Stadt lebt in seinem Straßenkreuzer

Motel, Pfandleihe, Waffenshop: die etwas altmodischen Schilder sind – ebenso wie der Angebotsmix – typisch für die Gegend abseits der Fremont Street

12,5 Millionen Leuchtdioden und ein Dach als gigantischer Bildschirm: die Fremont Street Experience

DIE ZUKUNFT LIEGT AM ENDE DES STRIPS

Der Stratosphere Tower am Las Vegas Boulevard markiert die Grenze zwischen der aufgemotzten Luxusmeile im Süden und den einfachen Häuserfassaden Downtowns

schweren Kopf und blickt aus kleinen, bösen Augen, lässt sich aber nur kurz vom Tyrannosaurus rex ablenken, dem größten aller Saurier, der sich per Knopfdruck zum Brüllen bringen lässt. Ein Monster, sechs Tonnen schwer, seine Zähne sind 18 Zentimeter lang. Wozu die kurzen Vorderarme gut sind, hat die Wissenschaft bis heute nicht geklärt, vermutlich dienten sie als Messer und Gabel.

Dioramen zeigen die Tierwelt der Gegenwart. Ein ausgestopfter Kojote in der Wüste, er sieht hungrig aus. Wovon soll er sich hier ernähren? Vom Sagebrush wird er nicht satt, dem Wüstensalbei, der es immerhin zum Staatsstrauch von Nevada gebracht hat. Was für eine Existenz, Kojote im Salbeistaat, zum Heulen. Das tut er dann auch auf Knopfdruck.

Der Las Vegas Boulevard führt weit nach Norden, sehr weit, wenn man auf die Idee kommt, ihn zu Fuß zu erkunden. Für Flaneure ist Downtown Las Vegas Langstrecke, eine typische amerikanische Großstadtwüste ohne Schaufenster und Fassaden, weitläufig, eine Folge nicht sehr abwechslungsreicher staubiger Flächen, vergattert, vermauert und wüst, unterbrochen von Einfahrten und Parkflächen.

Wer hier zu Fuß geht, ist bettelarm oder verrückt, braucht aber keinen Überfall zu fürchten, die Gegend ist zu öde, zu heiß und zu unbewohnt, um kriminelle Energie zu erzeugen. Dann und wann gibt es klimatisierte Oasen am Straßenrand, die Museen, die eine kluge Stadtplanung hierher gepflanzt hat.

Vom alten Fort der Mormonen sind noch restaurierte Mauerreste erhalten, ein Besucherzentrum öffnet den Blick für die Mühen der Pioniertage. Im Lied Museum, so benannt nach seinem mildtätigen Stifter Ernst F. Lied, toben Kinder, spielen Eisenbahn mit einer Riesen-Brio-Lokomotive, nehmen unter Aufsicht diese dreistöckige Indoor-Spielwiese in Besitz und erleben Wissensvermittlung als spielerische Selbsterfahrung. Die Kids gastieren auf einer Bühne mit Kostümen zum Verkleiden, nutzen anregende Experimentierfelder wie den Tornado zum Selberdrehen.

Weiter stadteinwärts liegt der Boneyard des Neon Museum, die eingezäunte Knochensammlung verblichener Leuchtzeichen, ein Schrottplatz verglühter Illuminationen, nur bei Anmeldung zu besichtigen. Zu den prächtigsten Schaustücken zählt der Frauenschuh von der Größe eines Wohnwagens. Einst drehte er sich über dem „Silver Slipper" am Strip und störte die Nachtruhe von Howard Hughes im „Desert Inn". Der vergrätzte Milliardär reagierte auf seine unnachahmliche Weise. Kaufte den Laden und drehte dem Schuh den Strom ab.
Doch die wahren Attraktionen des Neon Museum stehen wieder unter Strom, einige Liebhaberstücke sind restauriert, leuchten an der Fremont Street, ein Nachglühen historischer Zeichen, als die Besucher der Casinos noch Stiefel trugen und den Hut nur vom Kopf rissen, wenn sie einen Jackpot gewonnen hatten. Der riesenhafte Neon-Cowboy mit Zigarette strahlt, aber er hat das Winken verlernt, eine Oberarmfraktur. Gegenüber reckt Vegas-Biggy, das kesse Neongirl, die langen Beine. Bronzeplaketten weisen auf die Schönheiten hin.

Traditionspflege ist ein Baustein der neuen Selbstgewissheit. Aber Neon lockt keine Investoren. Und Las Vegas braucht mehr als Spielgelegenheiten. Jetzt will Oscar Goodman, vor wenigen Jahren noch Anwalt des organisierten Verbrechens (1995 hat er in Martin Scorseses Film „Casino" den Mafiaanwalt auch gespielt), hinter dem alten Bahndamm ein Medizin- und Performing Arts Center hochziehen, ein Baseballstadion, ein neues Rathaus, Geschäftshäuser und einen neuen Wohnbezirk mit Wolkenkratzern. Oscar ist nicht zu bremsen. Der gute Mann ist Bürgermeister von Las Vegas und setzt auf dynamische Entwicklung. „Die Stadt boomt. Jede Sekunde passiert hier etwas Großartiges. Wir leben den Traum." □

Emanuel Eckardt, *Autor aus Hamburg, mag Downtown lieber als den Strip, weil Las Vegas dem Besucher hier auch mal ungeschminkt begegnet.*
Philip Koschel *fotografierte die skurrile Downtown schon für sein Buch „Inside Las Vegas". Der Berliner arbeitet gerade an seinem zweiten Las-Vegas-Band.*

FREU DICH!
DU BIST IN
SARAGOSSA
ESPAÑA
Der Genuss einer
Welt voller Natur.
EXPO ZARA GOZA 2008
Zaragoza
TURISMO
GOBIERNO DE ARAGON
Departamento de Industria, Comercio y Turismo
www.expozaragoza2008.es
www.zaragozaturismo.es
www.turismodearagon.com
www.spain.info

Hochzeit

Das Geschäft mit dem „Ja"-Wort treibt in der Wüste kuriose Blüten. Ob Inszenierungen im Enterprise- oder Elvis-Stil – Hauptsache, die Paare kommen hurtig unter die Haube

Text: Martina Wimmer, Fotos: Philip Koschel

Statt „fast food" eine „fast wedding": Andy Howes und Meryl Dempsey aus England heiraten am 7.7.07 um 7.00 Uhr morgens im Vorbeifahren am Drive-Thru-Schalter der „Little White Wedding Chapel". Neben dem Pfarrer gibt ein Elvis-Imitator seinen Segen

mit Elvis

The Little White Wedding Chapel
Drive Thru Window
7
7
QUIET WEDDING

Über 100 000 Ehen jährlich – da ist die Phantasie der Vermarkter gefragt

Viele Lichtjahre vom Standesamt entfernt, dringt das „Wedding-Business" in Galaxien vor, die nie ein Brautpaar zuvor gesehen hat – Hochzeit in den Original-Kulissen der TV-Serie Star Trek im Las Vegas Hilton

Es gibt viele Möglichkeiten, eine Geschichte anzufangen. Pastor Stone sagt gerne als ersten Satz: „Der Mensch soll nicht alleine leben." Und dass ihm die Worte etwas leiernd über die Lippen kommen, möge man nachsichtig seinem fortgeschrittenen Alter von 83 Jahren zuschreiben.

Priester Peter vergreift sich an Shakespeare, um einen guten Einstieg zu finden: „Now join your hands and with your hands your hearts." Das ist zwar ein Zitat aus „Heinrich VI." und hat im Originalkontext mit romantischer Liebe herzlich wenig zu tun, aber es wirkt verlässlich und schnell.

Ron DeCar schließlich versteckt den Blick hinter jener silber gefassten Plastik-Sonnenbrille, die man in Las Vegas in jedem Souvenir-Shop kaufen kann, während er seine Kunden schwungvoll in ein neues Leben entlässt. Seine schmissig vorgetragene Segnung lautet: „Adopt each others hounddogs, never wear your blue suede shoes in the rain and be each others teddy bears!" Einige Worte davon sind zwar ebenfalls einem großen Künstler entlehnt, doch meist ist dies der Moment, in dem die Menschen vor ihm endgültig zu lachen anfangen.

Das Finale allerdings ist bei allen gleich: strahlen, Glück wünschen, strahlen. Weiter strahlen, bis jedes Paar weg ist. Wieder strahlen, wenn das nächste kommt. Strahlen gehört zum Geschäft, das es so sonst in keiner anderen Stadt der Welt gibt. Das Hochzeits-Geschäft, „the wedding business", wie man es hier ganz selbstverständlich nennt. Über 100 000 Ehen werden jährlich in Las Vegas geschlossen, im Jahr 2006 hat die zuständige Behörde 112 000 Lizenzen zum Heiraten ausgestellt. Den Schein bekommt jedes Paar, das volljährig und nicht anderweitig verheiratet ist, ohne Wartezeit für 55 Dollar im Rahmen der täglichen Geschäftszeiten von 8 bis 24 Uhr. Und in jeder der über 40 Kapellen, die sich vorwiegend am nördlichen Ende des Strips ballen, findet sich für Kurzentschlossene fast immer ein spontaner Termin.

Wo der schönste Tag im Leben zur Massenware wird, ist der Einfallsreichtum der Vermarkter schwer gefordert, um dem Publikum trotzdem Einzigartigkeit zu suggerieren.

Pastor Stone vermählt seit vielen Jahren in der „Little White Wedding Chapel", einer Art Supermarkt der Ehesschließung, fünf Kapellen, ein Drive-Thru-Schalter, 24-Stunden-Betrieb, mit eigenem Blumenladen, Kostümverleih, mit Kutsche, Heißluftballon und einer azurblauen Hummer-Stretch-Limousine im Repertoire.

Priester Peter predigt Liebe und Treue in Las Vegas traditionellstem

Der Herr (und die Dame) der Ringe: Seit dem Erfolg der Tolkien-Verfilmung haben Hochzeiten im mittelalterlichen Fantasy-Outfit Konjunktur

Ob Mittelalter oder Science Fiction – anything goes

Gothic

Ambiente, in der „Little Church of the West“, einer denkmalgeschützten Holzkapelle am staubigen südlichen Ende des Strips.

In der „Viva Las Vegas Wedding Chapel“ veranstaltet Ron DeCar Themenhochzeiten. Er gibt nicht nur den omnipräsenten Elvis, er geht auch als James Bond, als Rocky's Horror Frankenfurter oder Liberace, rund 25 Inszenierungen hat er im Programm und denkt sich ständig neue aus.

An einem heißen Samstag im Sommer herrscht auf allen Heiratsmärkten Hochbetrieb. Romantik-Rushhour, die Kapellen machen am Samstag ein Drittel ihres gesamten Wochengeschäfts. Charolette Richards ist die Herrin des „Little White Wedding Chapel“-Imperiums, auf ihrer Homepage hat sie sich kurzerhand zur „Wedding Queen of the West“ ernannt. Am frühen Vormittag fegt sie mit verspannter Miene über das Areal ihrer Glücksfabrik als wäre sie Präsidentin im Krisenfall. Das ananasblonde Haar zu einem strengen Zopf gezurrt, ein bordeauxroter Talar umspielt dramatisch das Trippeln ihrer Füße. Im Eingang zum Blumenladen begegnet ihr ein junger Mann im schwarzen Anzug, er strahlt vor Glück. Ein frisch Vermählter, ohne Zweifel. Charolettes Mundwinkel schnellen reflexartig nach oben, sie fällt ihm um den Hals, jubelt: „Herzlichen Glückwunsch! Ich freue mich so wahnsinnig für Sie!“ Wie schön, ein Bekannter, den sie unter die Haube bringen konnte? Sie zischt beiseite: „Hab ihn im Leben noch nie gesehen.“ Für weitere Erläuterungen bleibt keine Zeit, die Chefin wird im Büro verlangt.

Hinter verschlossenen Türen verbergen sich die mit Kunstblumen geschmückten Parzellen, in denen das Eheglück beginnt: die „Chapel of Promises“, die „Chapel L'amour“, die „Crystal Chapel“. Davor eine Palette von Warnschildern: „No Food, no smoking, no drinking“, „Children must be held by the hand“, „Quiet! Wedding in progress.“ Eine Hochzeit dauert im Schnitt zehn Minuten, wer ein wenig länger über die Macht des Augenblicks und seine Konsequenzen grübeln möchte, bekommt mit der Rechnung die dafür nötigen Unterlagen gereicht: Charolettes Liebesrezept (zwei randvoll mit Liebe gefüllte Herzen, vier Arme voller Sanftmut, zwei Becher Frohsinn ...) mit einem freundlichen Foto von der Chefin auf herzförmige Pappe gedruckt.

Im Obergeschoss der schmucklosen Flachbauten herrscht eine rüstige alte Dame namens Rose über hunderte von Brautkleidern, Schleiern, Schuhen, Smokings. Hier werden Paare ausstaffiert, die wenigstens auf den Fotos die Idee einer Märchenhochzeit verwirklicht sehen wollen. Eine Stunde vor dem Ernstfall ist Ankleidetermin. Aus Seattle sind An-An Uy und Richard Borys mit ihrer Verwandtschaft angereist, um hier und heute zu heiraten. Doch zunächst werden sie resolut voneinander getrennt. Rose schiebt An-An Richtung Brautkleider, ihrem Bräutigam wird im Vorraum ein Stuhl angewiesen, mit der streng geäußerten Warnung: „Und wehe, Sie gucken!“ An-An lächelt nervös angesichts der Armada aus weißem Tüll und Satin, die sich auf endlosen Kleiderstangen vor ihr aufreiht. Aber Rose ist Profi, sie schiebt die Ärmel ihres pinkfarbenen Arbeitskittels hoch, vermisst die zierliche Asiatin mit einem schnellen Blick, sagt: „Schöne Taille, sexy Dekolletee, vertrau mir, ich kenn mich aus. Möchtest du heute eine Prinzessin sein?“ Und noch bevor An-An antworten kann, hat Rose schon ein Kleid in der Hand. Perlenbesticktes, glitzerndes Bustier, schulterfrei, wallender Rock. An-An probiert, das Kleid sitzt gut, ist aber einen halben Meter zu lang. Rose sagt etwas tonlos: „Du siehst großartig aus, Schätzchen“, holt ein Paar abgewetzte Plateau-Pumps und schließlich Nadel und Faden. Rose näht den zerschlissenen Saum des Kleides um und erzählt nebenbei: „Wir haben hier Kleider von Größe 0 bis 30, wir machen alle schön.“ 84 Anproben an einem Tag ist ihr Rekord, das war am 7.7.07. An-An bekommt jetzt noch einen Schleier, Krönchen und Strassschmuck. Sie sitzt vor dem großen Spiegel und seufzt: „Mensch, bin ich hübsch.“ Sie schreitet eine Viertelstunde später ihrer Schleppe voran in die Chapel L'Amour. Und natürlich zaubert ihr Erscheinen dem Bräutigam ein Leuchten aufs Gesicht. Die 300 Dollar Leihgebühr waren es wert.

Ein paar Häuser weiter auf dem Las Vegas Boulevard gen Osten, dort wo gegenüber der Dessous-Laden „Slightly Sinful“ und die „Thunderbird Poker Lounge“ um Kunden buhlen, hat eine Hochzeitsgesellschaft sich selbst um die Garderobe gekümmert. Dennis und Susan Smythe und ihre Gäste stehen in Hawaii-Hemden mit Blumen-Ketten um den Hals in der „Viva Las Vegas Wedding Chapel“, das ist sehr passend angesichts der Kunstpalmen, die den hohen Raum mit den schrill-bunten Mosaikfenstern schmücken und sehr geplant, denn sie haben „Elvis Blue Hawaii“ gebucht. Es ist der 25. Hochzeitstag der Smythes, nach so langer Zeit, so werden sie nach der Zeremonie zu Protokoll geben, darf man sich den Spaß erlauben. Ein Spaß fürwahr: vor ihnen steht auf einer bunt bestrahlten Minibühne Kapellen-Boss Ron DeCar im Elvis-Ganzkörperkostüm. Weißer Overall mit Glitzersteinen, blauer Satin-Schal, das Siebziger-Jahre-Las-Vegas-Outfit des King.

Von der Seite wabert theatralisch Bühnennebel in den Raum, Ron DeCar alias Elvis singt „Blue Hawaii“ und durch den Nebel tänzelt eine Schönheit im Baströckchen auf die Jubilare zu. Nach ein paar herzergreifenden Worten über die Liebe und das Eheleben, die mit der Realität der Figur, die DeCar gerade verkörpert, eher wenig zu tun haben, verspricht sich das alte neue Brautpaar die ewige Liebe ein zweites Mal. DeCar singt „Love Me Tender“, die beiden tanzen eng umschlungen, und tatsächlich hat der Moment im kreisenden Disco-Licht etwas so anrührendes, dass alle Anwesenden ihre bunten Hemden vergessen und feuchte Augen bekommen. Zur Erleichterung schmettert der falsche Elvis ein donnerndes „Viva las Vegas“ hinterher, da hält es niemand mehr auf den Bänken, die Kapelle rockt. Draußen auf der großen Leuchttafel des Etablissements blinken die Namen des glücklichen Paars, die Limousine wartet, die Party kann losgehen.

Ron DeCar zieht den stickigen Polyester-Overall nach seinem Kurzauftritt schnell wieder aus. Er will nicht nur den King spielen. Er ist ein Bühnen-Profi, 27 Jahre trat er in Hotels am Strip auf, zuletzt als Sänger im „Tropicana“ bei den „Folies Bergere“. Eines Abends hat er zwischen zwei Shows ein paar bunte Gestalten auf eine Serviette gekritzelt, Elvis, eine Vulkanierin, einen Ritter, einen Hippie, ein Brautpaar, und hat seine Kollegen gefragt: „Könnte das funktionieren?“

Elvis

Der King lebt: „Love Me Tender" von 0 bis 24 Uhr

Es war die Illustration seiner Idee einer Themen-Hochzeitskapelle. Er hat sie zum Test als Anzeige in einem Branchenbuch geschaltet und bekam sofort Anfragen, also musste er das Angebot schaffen. Der Raum war bald gefunden, Darsteller kannte er genug. Heute mischt seine ganze Belegschaft mit. Wenn jemand Rocky's Horror Hochzeit bucht, wird der Hochzeitsfotograf zum buckligen Riff Raff, für die Viva-Du-Cirque-Zeremonie engagiert er Luftkünstler, beim Programm „Sigmund and Freud" tritt er mit Partner und Plüschtigern auf. Und die Zeichnung von damals ziert seinen Firmenprospekt, zusammen mit seinem Lebensgefährten ist er Vollzeit-Hochzeiter geworden. Nur eines kann Ron DeCar nicht, Werbeträger seines eigenen Geschäfts sein. In der Hauptstadt der Hochzeiten sind Homo-Ehen verboten.

Zu einer Vegas-Hochzeit gehört das Foto mit Elvis unter dem „Welcome-Schild"

Einer wie Greg Smith kommt einem dagegen nachgerade bodenständig vor. Der Besitzer der „Little Church of the West" sitzt mit Hornbrille und akkurat gescheiteltem Grauhaar in seinem getäfelten Büro, harmoniert hervorragend mit den alten Zeitungsberichten über seine Wirkungsstätte, die die dunklen Wände schmücken und verkauft etwas, das in Las Vegas Mangelware ist: Tradition. In der kleinen Holzkapelle, die tatsächlich wie ein sakraler Bau aussieht, laufen Trauungen mit dem gebotenen Ernst und so akkurat ab wie bei einer deutschen Behörde. Die größte Extravaganz, die sich ein Brautpaar dort zusätzlich zu Foto-Set und Blumenstrauß leisten kann, ist ein leibhaftiger Orgelspieler, das mutigste Outfit, das sich an einem lebhaften Tag vor Ort beobachten ließ, waren FlipFlops zu einem eleganten Sommerkleid.

Die „Little Church of the West" verkauft das Eheglück fernab der Hochzeitsmeile am südlichen, anderen Ende des Strips. Der vornehme Abstand, den das historische Gebäude zu seinen modernen Epigonen hält, ist jedoch Zufall und eine typische Las-Vegas-Geschichte zugleich, die Greg Smith erzählt, als schilderte er die Odyssee eines Kriegsheimkehrers. Die kleine Kirche ist seit ihrem Bau 1942 Spielball der rasanten Entwicklung der Stadt und schon viermal umgezogen. Zunächst war die Nachbildung einer kalifornischen Goldgräberkapelle Teil des alten „Frontier"-Hotels, nach dem „El Rancho" der zweite Hotelbau am Strip. Im Zuge einer Modernisierung 1954 wurde die Kapelle auf die andere Seite des Hauptgebäudes versetzt und hatte 25 Jahre stolz das Privileg inne, die einzige Kapelle an der berühmten Meile zu sein. 1979 musste sie dem Bau der „Fashion Show Mall" weichen und wurde ans andere Ende des Strips verbannt. Dorthin, wo heute das „Mandalay Bay"-Hotel steht. „Das war damals am Ende der Welt," sagt Smith und seufzt dabei. Und als schließlich vor zehn Jahren das Mandalay Bay gebaut wurde, musste die „Little Church" auf die andere Straßenseite wechseln. Jetzt donnern bei jedem Ja-Wort die Maschinen des benachbarten Flugplatzes dazwischen, und, ein weiterer Seufzer, unlängst hat mit dem „Frontier" schon wieder ein Stück alte Vegas-Geschichte für immer die Pforten geschlossen. An dem Platz soll eine Nachbildung des New Yorker Plaza-Hotels entstehen.

Die Kapelle haben viele berühmte Brautpaare beehrt, Angelina Jolie und Billy Bob Thornton, Cindy Crawford und Richard Gere. Der Mann mit der Hornbrille aber nennt Betty Grable, die Pinup-Ikone, und Harry James, den Jazz-Musiker, wenn man ihn nach der prominentesten Feier fragt. Ihre Ehe wurde geschieden wie die der anderen auch, wenn auch erst nach 22 Jahren. Für Sentimentalitäten allerdings hat auch Greg Smith in einer Stadt wie Las Vegas nur begrenzte Zeit. Es wird weiter geheiratet, täglich von 0 bis 24 Uhr. □

>> **Wedding-Infos im Serviceteil ab S. 113**

Saal der Träume: Bei der Poker-WM im „Rio" zahlten 6358 Teilnehmer je 10000 Dollar Antrittsgeld. Der Sieger bekam ein Armband – und 8,25 Millionen Dollar

Die wollen doch bloß SPIELEN

Keine Angst vor dieser Stadt, dem Mutigen gehört die Welt. Ein Streifzug durch die Casinos und eine Hommage an das Spiel und das Glück

Fotos: Philip Koschel, Text: Thorsten Kolle

Die Casinos, hier im „Planet Hollywood“, sind das Herz von Las Vegas, das niemals aufhört zu schlagen. Zeit verliert hier ihre Bedeutung

FÜR DEN TOURISTEN MAG LAS Vegas bloß eine wirbelige, verrückte, abgefahrene Stadt sein; für uns Spieler ist sie eine routinierte Geliebte, die gerne gibt, was wir brauchen, zwar mit Silikon und Botox aufgebrezelt wie ein alterndes Callgirl, aber unter ihren bunten, tief ausgeschnittenen Gewändern Geborgenheit verbergend. Eine Stadt, deren so oft gescholtene Künstlichkeit dem Zocker gemütliche Heimat ist, deren Anonymität ihm die Angst vor den Blicken der Öffentlichkeit nimmt und den kindlichen Glauben an Wunder bewahrt oder zurückgibt.

Du glaubst das nicht? Dann komm mit hinein in die Spielzeugwelt der Casinos, lass deinen Job und die Familie und den Rest Vernunft und den ganzen anderen Quatsch draußen zurück. Du brauchst bloß ein paar Dollar und ein kleines bisschen Mut – und dann wird sich ganz schnell das Kind, das irgendwo noch in jedem Herzen wohnt, melden, und es wird dich lenken und leiten, und du wirst schon bald mit traumwandlerischer Sicherheit zwischen Black Jack und Craps schweben, vom Roulette zum Poker gleiten, und Las Vegas wird dich aufnehmen, ans Herz drücken, dich mit kostenlosen Drinks

Glaube an das WUNDER

Verführerische Türme: Chips verspielen sich leichter als Geld

und schönen Frauen verführen und dir die Hoffnung auf das große Mirakel in die Seele pflanzen – jeder, der auch nur noch einen Dollar hat, wird von Las Vegas betüttelt wie ein Millionär. Solltest du allerdings pleite gehen … ach, besser du gehst nicht pleite.

ES IST 6.30 UHR AN EINEM DIENSTAG oder Mittwoch Morgen, so genau weißt du das nach einigen Tagen in der Stadt nicht mehr, und die Temperaturen klettern jetzt bereits auf 30 Grad Celsius im Schatten, aber das merkst du nur in den kurzen Momenten, die du außerhalb der klimatisierten Welten verbringst, also bloß rein jetzt: Im „New York New York", einem der großen Motto-Casinohotels an der Prachtstraße, die offiziell „Las Vegas Boulevard" heißt, von allen aber „Strip" genannt wird, klingeln-knattern-rattern-fiepen-piepen-tröten-und-trompeten 1800 Slotmachines, 24 Stunden am Tag, 365 Tage im Jahr, ein Hit für die Ewigkeit. Angsthasen behaupten, dies sei ein in der Hölle gewebter Lärmteppich, der höhnisch kreischend den Verlust von Haus und Hof zudeckt und so Kollateralschäden an Geist und Gemüt verantwortet, aber in Wirklichkeit malen die Slots magische Melodien in die mit Sauerstoff angereicherte Casinoluft, lieblich säuselnd im Ohr des Siegers, aufmunternd animierend, wenn es mal nicht so läuft. Außerdem sind die Slots eine Legende und der „Sound of Vegas" – mehr noch als Frank Sinatra oder Elvis Presley (sinnigerweise ziert deren Konterfei so manchen der geldfressenden Automaten). „Einarmige Banditen", bei denen die Spielelektronik mittels Hebelzug ausgelöst wird, gibt es übrigens kaum noch, heutzutage rotieren die Walzen mit ihren „7"- „BAR"- oder „$"-Symbolen auf Knopfdruck, lediglich für Nostalgiker stehen ein paar „Einarmige" in der Ecke, wie Veteranen nach einer verlorenen Schlacht, Glück aus einer vergessenen Zeit verheißend, als wenn „Verdammt in alle Ewigkeit" schwarzweiß in einem modernen Multiplexkino laufen würde. Und bei einem Gewinn spucken die Maschinen auch schon lange keine Quarters oder andere Münzen in die Schütte, keinen silbernen Wasserfall, keine greifbare, glitzernde Dagobert-Duck-Dusche.

„No Sir, sorry", lächelt die reizende Joan, die seit zwölf Jahren die Aufsicht hat, im trotzig so geheißenen „Penny-Paradies", dem Abschnitt des „New York New York", in dem die billigsten Slots nach Futter schreien. Das bekommen sie per Banknoten, die in einen Schlitz der Slots geschoben werden (so machen es die Gelegenheitsspieler) oder über Casino Cards, die der ernsthafte Slot-Zocker benutzt und auf der Guthaben und Bonuspunkte gespeichert werden.

UND DANN SITZEN SIE DA, STUNDE um Stunde, trinken Kaffee aus Halbliter-Styroporbechern (geht aufs Haus), drücken Knöpfchen und träumen vom Jackpot. Es sind viele Frauen, die meisten Ü50 an Jahren und davon die meisten Ü80 an Kilos, und für Besser-Menschen gelten sie als abschreckendes Beispiel eines traurigen, sinnentleerten, einsamen Lebens. Nun, das ist natürlich völliger Unfug, man trifft selten lustigere, lebensfrohere Damen, die schon alles im Leben gesehen haben (bis auf einen Jackpot), als an den Slotmachines. „Soll ich zu Hause vor dem Fernseher vergammeln oder mit Skistöcken durch die Stadt watscheln", fragt Eunice, eine Afroamerikanerin, freundlich geschätzte Ü55 („Bist du verrückt? Seid wann verrät eine Lady ihr Alter?!") mit einer Figur, die die Ausmaße Afrikas und Amerikas umfasst, und schüttelt sich zusammen mit ihrer Freundin Brenda vor Lachen.

Die beiden sind aus Milwaukee und fahren vier- bis fünfmal im Jahr nach Vegas. Sie schauen sich genau eine Show an (diesmal „Le Rêve" im „Wynn"), gehen exakt einmal shoppen (diesmal in der „Desert Passage" des

Vegas ist für Spieler eine

Tanz auf dem Vulkan: Im „Rio“ unterhalten alle 30 Minuten Showgirls die Besucher. Echte Spieler lassen sich selbst davon nicht ablenken

„Planet Hollywood“) und seriös geschätzte achtmal täglich essen. Den Rest der Zeit, also sagen wir diesmal vorsichtig geschätzte zwölf Stunden täglich, verbringen sie an den Slots. „Wir ketten uns hier an“, wie Eunice es zu nennen pflegt, und sie spielt damit auf die Verbindung zwischen Casino Card an, die der ernsthafte Slot-Zocker an einer langen Kette um den Hals trägt, und dem Spielautomaten, in dem die Karte steckt, auf der Spiel für Spiel abgebucht und hin und wieder ein Gewinn aufaddiert wird. Wie eine Mutter und ihr Baby, verbunden mit einer Nabelschnur, über die das Kleine alles bekommt, was es braucht. In Las Vegas braucht das Baby nur eines: Geld.

Auf einmal heult und jodelt Brendas Apparat zwei Oktaven höher, eine kleine Sequenz ist eingelaufen und beschert ihr 200 Dollar, die mit lautem Prasseln und Klirren in die Schütte fallen. Etwa doch echte Münzen? Denkste. Das Prasseln und Klirren kommt digital aus den Lautsprechern, keine Münze ist zu sehen, auch wenn es sich so anhört, der Gewinn wird auf Brendas Casino-Card verbucht. Manchmal kopiert Las Vegas sich sogar selber.

Meistens aber andere, im „New York New York“ überraschenderweise – New York. Die Hotelfassade ist der Skyline von Manhattan nachempfunden, inklusive Empire State und Chrysler Building sowie einer Kopie der Freiheitsstatue, die mit 46 Metern ebenso hoch ist wie das Original (ohne Sockel). Im Inneren, also auch im Casino, erinnert alles an den „Big Apple“ früherer Jahrzehnte: typische Backsteinhäuser à la Greenwich Village, in denen Restaurants und Music-Clubs die Kundschaft in eine andere Zeit und an einen anderen Ort versetzen. Die berühmte Brooklyn Bridge (im Maßstab 1:5) fehlt ebensowenig wie eine Central-Park-Adaption mit echten Bäumen und gusseisernen Straßenlaternen. Und als Reminiszenz an den

routinierte GELIEBTE

Sound of Vegas: Zocker an den klingelnden Slots träumen vom Jackpot

New Yorker Vergnügungspark Coney Island rast mit 105 Stundenkilometern die Achterbahn „Manhattan Express“ sowohl außen um die Hotelfassade als auch mitten durchs Casino über die Köpfe der Spieler hinweg. Wer jetzt an den Kartentischen zusammenzuckt oder gar hochschaut, der enttarnt sich als Rookie, Greenhorn, Fish – Anfänger eben.

Den wahren Spieler lenkt nichts ab von seiner Passion. Weder hier im „New York New York“, auch nicht, wenn wir weiterziehen, das gewaltige Löwengehege hinter Glasscheiben im Casino des „MGM Grand“. Der Spieler hat keinen Blick für den Pyramidenbau des „Luxor“, von dessen Spitze allnächtlich das weltweit stärkste Leuchtfeuer einen 16 Kilometer langen Strahl in den Weltraum schickt. Selbst das „Shark Reef“ des „Mandalay Bay“ mit seinen Haifischen, Krokodilen und Meeresschildkröten, die hier in der Steinwüste von Nevada eine sie sicherlich verblüffende neue Heimat gefunden haben, lässt uns Spieler nicht aufschauen von einer viel versprechenden Pokerhand. Die über unseren Köpfen halsbrecherische Kapriolen schlagenden Artisten im „Circus Circus“ sind uns wurscht, sobald wir Chips beim Roulette gesetzt haben, und schon gar nicht lassen wir uns irritieren von Hotel- und Casinoangestellten in Ritter- , Römer- oder Piraten-Kostümen, die das „Excalibur“, das „Caesars Palace“ und das „Treasure Island“ in die Schlacht schicken.

DER SPIELER REGISTRIERT DIES allenfalls am Rande. Aber er weiß ganz genau, dass er im „MGM“ 200 Dollar beim Poker verloren und 120 beim Roulette gewonnen hat, er weiß, dass er bei der koreanischen Kartendealerin Wonhee im „Excalibur“ jetzt schon das dritte Mal in dieser Woche mit Gewinn vom Tisch gegangen ist (einmal 110, einmal 80 und eben immerhin 50 Dollar, man kann bei Wonhee praktisch nicht verlieren), und er schwört sich, nie nie wieder „Caribbean Poker“ zu spielen, schon gar nicht im „Circus Circus“, das hat ihn nämlich schlappe 500 Bucks gekostet.

Der „Strip“ ist heute nicht unser Freund, also auf ins „Golden Nugget“, Downtown, eine der traditionsreichen Gambling Halls in der Fremont Street. Hier wird auf Achterbahn, Akrobaten und den Nachbau der Weltkultur (oder was der Amerikaner so darunter versteht) verzichtet, hier ist das Casino noch reine Spielhalle, und man trifft wenige Gelegenheitsspieler, dafür mehr einheimische Zocker. Zum Beispiel Henry. Das lange graue Haar in einem ordentlichen Pferdeschwanz gebändigt, blütenweißes hochgeschlossenes Hemd, karierte Golfhose und bequeme Nike Air Jordans an den Füßen, steht er im Nugget am Crapstisch. Craps ist dieses Würfelspiel, das wir Europäer nur aus Hollywoodfilmen kennen, und dessen Feinheiten einzig der begreift, der in den USA aufgewachsen ist und seinen Stammbaum bis Benjamin Franklin zurückverfolgen kann. Für den Europäer hingegen ist Craps ungefähr so kompliziert wie Klimaschutz für den Amerikaner. Grundsätzlich geht es darum, dass man entweder auf oder gegen den Würfler (Shooter genannt) setzt. Bevor Henry allerdings seine Chips auf den Tisch wirft, vertieft er sich in seine Aufzeichnungen. Kein Witz, der Mann notiert die ersten ein, zwei Stunden jede am Tisch gewürfelte Kombination mit einem Bleistift auf Computer-Endlospapier, diesem grünen, am Rand perforierten Papier, was in den Gründerjahren der Computer-Ära in jedem Drucker steckte. Davon hat Henry immer ein paar laufende Meter dabei, wenn er ins „Nugget“ kommt, und man mag Systemspieler nun lächerlich und kauzig und sonst was finden, aber Henry macht das jetzt seit zwölf Jahren, und er sagt, er sei zwar noch kein Millionär, aber sein System ernähre ihn und seinen 18 Liter schluckenden Chevrolet. Keine Ahnung, ob das stimmt, bunte Vögel wie Henry gibt es in Las Vegas mehr als am Amazonas.

ROY L. GORDON JEDENFALLS GLAUBT nicht an Systeme, und er muss es eigentlich wissen. Acht Jahre lang arbeitete Roy für „Harrah's Entertainment“, einen der größten Casinobetreiber in den USA. Und in diesen acht Jahren hat Roy so ziemlich alles gesehen, was es an Glücks- und Pechsträhnen, an Katastrophen und Wundern in der Welt der Spieler so gibt. „Ein Gewinnsystem beim Craps existiert ebenso wenig wie beim Roulette“, sagt er. „Lediglich beim Black Jack können sich „Zähler“, Gedächtniskünstler, die sich jede gespielte Karte merken, einen Vorteil verschaffen.“ Vor allem aber hat Roy die großen Spieler gesehen, die so genannten „High Rollers“, Superreiche, die ohne Limit zocken und an einem Wochenende mehrere Millionen Dollars durchbringen – oder gewinnen. Roy war als „Executive Host“ für rund 400 „High Roller“ weltweit zuständig. „Ich musste wissen, welches Parfüm die Frau bevorzugt, welche Eissorten die Kinder mögen und in welcher Automarke der Gast am liebsten vom Flughafen abgeholt wird. Ich habe Listen angelegt über die beliebtesten Whiskeysorten, über Musik, die sie gerne hören und solche, die sie hassen. Ich wusste, ob ein Kunde sich lie-

Im Casino verliert die **ZEIT** das Spiel

Ausrangierte Casino-Würfel werden im „Gambling Store“ verkauft

ber über Baseball oder das Ölgeschäft unterhält, ob seine Frau ins Theater oder lieber in die Oper geht. Ich kannte nicht nur die Geburtstage ihrer Kinder, sondern wusste auch, welche Computerspiele sie sich wünschen.“

All diese Informationen hortete Roy mit dem Eifer eines Stasi-Agenten, und all diese Informationen dienten nur einem Ziel: Die „High Roller“ an den Spieltisch zu bekommen. „Wir holten sie mit unseren Lear-Jets in der ganzen Welt ab und flogen sie nach Vegas, bezahlten ihnen die Suiten und arrangierten alles. Und ich meine wirklich alles, als wären sie Könige. Und das waren sie auch. Ich meine, wir reden von Leuten, die dem Parkboy einen Tausender in die Hand drücken, nur dafür, dass er ihnen die Tür aufhält. Leute, für die eigene 10000-Dollar-Chips bereitgehalten wurden. Leute, die innerhalb von ein paar Minuten mehr Geld verloren oder gewannen, als der Durchschnittsamerikaner in seinem ganzen Leben verdient.“

HEUTE ARBEITET ROY FÜR DIE WOHL einzigen Casinos, die noch mehr Geld scheffeln als die in Las Vegas. Casinos, die keine Kopie des Eiffelturms vor der Tür stehen haben, wie das „Paris Las Vegas“, und in denen man auf einem täuschend echten Canale-Grande-Nachbau in original venezianischen Gondeln mit original venezianischen Gondolieri unter einem ewig blauen künstlichen Himmel dahinschippert wie im „Venetian“. In den Casinos von Roys neuen Arbeitgebern treten weder Elton John noch Hans Klok auf, dennoch sind sie immer gut besucht, ziehen weltweit mehr Spieler an als alle Las-Vegas-Casinos zusammen. Roy arbeitet für „Party Gaming“, eine Firma mit Sitz in Gibraltar, die weltweit zu den größten Anbietern von Online-Casinos gehört. Auf diesen Internet-Plattformen zocken zu jeder Tag- und Nachtzeit Zigtausende zwischen Grönland und Neuseeland – und das Online-Casino kassiert einen Prozentsatz an jedem Spiel, das gespielt wird. Eine Lizenz zum Gelddrucken.

Aber die wollen wir Spieler gar nicht. Wir wollen lieber Downtown im „Binion's“ am Pokertisch sitzen und unser Geld selbst verdienen oder verlieren und vergessen, dass uns Henrys System am Crapstisch 300 Dollar gekostet hat. Es wird „Texas Hold'em No-Limit“ gespielt, die bei weitem beliebteste Variante, bei der jeder Spieler zwei eigene Karten bekommt und der Kartendealer im Verlauf des Spiels fünf Gemeinschaftskarten offen auf den Tisch legt, aus denen sich jeder mit seinen eigenen Pocketcards ein Blatt zusammenstrickt, auf das er setzt. An den 38 Tischen sitzen Spieler aus aller Herren Länder. Vom Texas-Cowboy mit Stetsonhut bis zur Rentnerin aus San Francisco mit lila gefärbter Dauerwelle ist alles vertreten. Eine uralte Asiatin im Rollstuhl lässt sich von einem Casinomitarbeiter an den Tisch schieben. Sie hat eine Haut so dünn wie Pergament und trinkt einen „White Russian“ nach dem anderen, an jedem einzelnen ihrer Finger inklusive beider Daumen prangen Ringe mit hühnereigroßen Edelsteinen. Sie hat Mühe, dieses Gewicht zu stemmen, wenn sie mit beiden Klauen ihre Einsätze in die Tischmitte schiebt. Dabei rutscht sie jedes Mal mit ihrem Rollstuhl ein paar Zentimeter vom Tisch weg und kreischt mit schriller Stimme „Push, Push“, dann kommt jedesmal Steven, der Aufseher im Pokerraum, und schiebt sie wieder an die Filzplatte. Und jedes Mal steckt sie ihm für diesen Service ein paar Chips zu.

Es gibt wenige Dinge im Leben, die angenehmer sind, als im „Binion's“ an einem Pokertisch zu sitzen. Die Menschen zu beobachten, die an deinem Tisch kommen und gehen, mit einigen redest du ein bisschen, „Wo kommst du her? Wie läuft's heute für dich?“ Mit anderen schweigst du um die Wette. Alle 30 Minuten wechselt der Kartendealer, eine Maßnahme, die Mauscheleien vorbeugen soll, und wenn du einige Stunden am selben Tisch sitzt, taucht irgendwann dein Anfangsdealer wieder auf und zwinkert dir freundlich zu. Das Leben am Pokertisch hat etwas ungemein Beruhigendes. Der Tisch ist immer da, 24 Stunden am Tag, 365 Tage im Jahr. Der Tisch ist das Zentrum im Universum des Spielers, seine unverrückbare Sonne, um die sich alles dreht. Der Tisch ist dir sicher, solange du deinen Einsatz bringen kannst, und er gibt dir einen Sinn und Ruhe. Keine Ahnung, warum manche Las Vegas als hektisch empfinden.

HEKTISCH IST LAS VEGAS NUR FÜR denjenigen, der seine Zeit (und gemeint ist: seine ganze Zeit, nicht nur mal nur so ein, zwei Stündchen) nicht am Spieltisch verbringt. Dem Gelegenheitszocker ist das Treiben an Roulettekessel und Würfeltisch lediglich ein Zeitvertreib, der wahre Spieler hat eine andere Bewusstseinsebene, für ihn spielt Zeit keine Rolle mehr. Dankenswerterweise gibt es in der ganzen Stadt keine öffentliche Uhr, und die Beleuchtung in den Casinos funzelt zu jeder Tages- und Jahreszeit in gleich bleibender Luxstärke auf die Tische, Slotmachines und deren Jünger. Was für Nicht-Spieler wie „verlorene Zeit“ erscheint, nämlich das stunden-, ach was, tagelange Herumlümmeln an den Spieltischen, ist in Wahrheit genau das

des Lebens

Gegenteil: Las Vegas ist vielleicht der einzige Ort auf diesem gottverlassenen Planeten, an dem die Zeit das Spiel des Lebens verloren hat, jedenfalls für uns Spieler, sobald die Karten und Würfel über den grünen, roten, braunen oder blauen Filz der Spieltische gleiten. Deshalb kann in Las Vegas auch kein Spieler verlieren, oder genauer gesagt: Er kann bloß Geld verlieren. Dies hat keiner besser gewusst und besungen als der unsterbliche Dean Martin, wenn er in „I love Vegas" schnurrte:

„I love Vegas when I'm winning /
mmmh, I love it when I lose /
I, I love Vegas every moment /
It's my favourite atmosphere /
Oh I, rrrrrh, I love Vegas /
Why oh why do I love Vegas? /
Because my blood is here

GLÜCK, UM DAS ES IN LAS VEGAS immer und überall geht, hat nicht derjenige, der rasch mal ein paar Chips auf den Roulettetisch wirft, gierig den schnellen Gewinn einheimst und ängstlich sofort wieder hinausrauscht, um die Mücken in den Luxusshops der Hotel eigenen Einkaufsmalls in Prada-Preziosen einzutauschen. Nein, ihr Jammerlappen, das wahre Glück empfindet einzig der Spieler. Und zwar sobald er sich in einen der bequemen Casino-Sessel fläzt, schmutziges Papier in glänzende, bunte Chips eintauscht, die er babelturmig hoch stapelt, und Jacqueline oder Cherry oder Peggy Sue ihm mit einem Lächeln und mit Brüsten, beides künstlich und damit zutiefst menschlich, einen kostenlosen Drink seiner Wahl servieren und Johnny, der Karten-Dealer, ihn mit einem wiedererkennenden Nicken begrüßt und „How you doin', tonight" murmelt, ohne Fragezeichen, weil eine Antwort nicht erwartet wird. Dann wird der Pokertisch bald zum Meditationszentrum, das unablässige Klicken der Chips zwischen den Fingern der Süchtigen ist beruhigendes Mantra und bedrohliches Menetekel gleichermaßen.

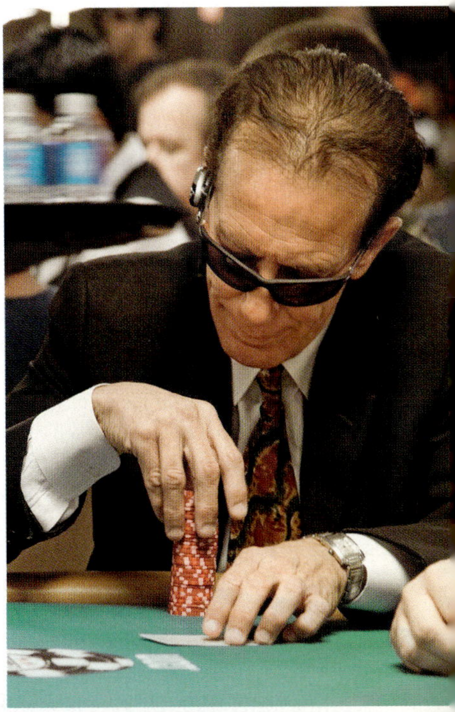

Pokerfaces: Ob Hollywoodstar Shannon Elizabeth („American Pie"), Texaner mit Augenklappe oder Anzugträger – an den Pokertischen treffen die unterschiedlichsten Typen aufeinander. Alle versuchen, sich nicht anmerken zu lassen, wie gut das eigene Blatt ist. Profispielerin Maxi Müller (unten links) ließ sich auch von MERIAN-Redakteur Thorsten Kolle nicht in die Karten gucken

Dein **SPIEL** wird dich finden

Unersättlich: Die Slotmachines fressen auch den letzten Dollar

Nach elf Stunden am Tisch im „Binion's" haben wir Hunger, die Taschen voller Chips und, wenn der Kartendealer es nicht verboten hätte, würde ein Ring mit einem hühnereigroßen Edelstein an unserem Ringfinger funkeln. Zeit, einmal bei den Profis vorbeizuschauen.

DIE TREFFEN SICH EINMAL IM JAHR im „Rio", hier werden die World Series of Poker (W.S.O.P), die inoffiziellen Weltmeisterschaften, ausgetragen. Gesponsert wird die Veranstaltung von Roy L. Gordons Arbeitgeber, dem Betreiber von Online-Casinoseiten. Denn vor allem mit Poker verdienen die Online-Casinos das große Geld. Der weltweite Pokerboom wird durch Werbung und TV-Übertragungen angefeuert und hat einen neuen Spielertyp kreiert. „Der typische Online-Poker-Profi ist jung, mit strategischen Computerspielen aufgewachsen und betreibt das Spiel mit einer Strategie, in der mathematische Wahrscheinlichkeit eine große Rolle spielt", sagt David Markwart, PR-Chef der Internet-Poker-Schule „PokerStrategy.com", in der neben anderen Pokerprofis auch der deutsche Schach-Großmeister Matthias Wahls Novizen das Bluffen beibringt.

Viele der besten Pokerspieler verdienen ihr Geld heute online, bequem vom eigenen Schreibtisch aus, aber für die World Series of Poker verlassen selbst hartgesottene Computernerds ihren Platz vor dem Monitor und begeben sich ins real life. Um am main event der W.S.O.P. teilzunehmen, zahlten 6358 Spieler das Antrittsgeld von 10000 Dollar. Ein Besuch im Spielsaal ist für Spieler wie eine Audienz beim Papst für Katholiken. Jeweils zehn Spieler sitzen an den 221 Tischen, darunter die größten der Zunft wie etwa Phil Hellmuth, der bereits elfmal eines der begehrten Armbänder (Bracelets), die es für einen Turniersieg bei den W.S.O.P gibt, gewinnen konnte. Natürlich geht es nicht nur um Armbänder: 2006 strich Jamie Gold, der Sieger des Main Events, zwölf Millionen Dollar ein, dieses Jahr triumphierte Jerry Yang, ein 39-jähriger Kalifornier, und konnte sich neben seinem ersten Bracelet über 8,25 Millionen Dollar freuen.

Auch aus Deutschland sind Spieler angereist: Maxi Müller, 22, aus Berlin ist seit zwei Jahren Profi und startet hier zum ersten Mal. Ihr Wirtschaftsstudium hat die Blondine mit dem meist gelangweilten Gesichtsausdruck („Mein angeborener Vorteil beim Pokern") an den Nagel gehängt, wie viel sie mit Poker bisher verdient hat, verrät sie nicht: „Ich kann mein Leben damit finanzieren, bin aber keine Millionärin. Das will ich aber spätestens mit 30 sein."

MAXIS ANTRITTSGELD UND REISEspesen sind – wie die vieler Profis – gesponsert von Online-Pokeranbietern, in Maxis Fall „PokerStrategy.com". Sie rechnet sich bei dem Megaturnier zwar nicht viel aus, da „bei so vielen Teilnehmern der Glücksfaktor höher ist als bei kleineren Turnieren und Cashgames", dennoch wollte sie, die sonst hauptsächlich im Internet ihr Geld verdient, auf einen Las Vegas-Besuch nicht verzichten: „Die W.S.O.P. ist schließlich das Wimbledon der Pokerspieler."

Wir lassen im Rio natürlich die Finger von den Karten – zu viele „Sharks", professionelle Spieler, die in der Nahrungskette weit über uns stehen. Auch für Maxi läuft es nicht, sie scheidet bereits während des ersten Tages aus, zockt aber in den nächsten Nächten bei den Cashgames in den Casinos des „MGM" und im „Wynn" reichlich „Fische" ab und verlässt Vegas im Plus.

Gewinnen wird in Las Vegs nur derjenige, der sein Spiel gefunden hat. Probiere ruhig alles aus und lass dir Zeit dabei. Aber irgendwann kannst du nicht mehr bloß rumrennen und deine Chips auf allen Tischen verteilen, irgendwann wirst du kapieren, dass das nur Irre tun und Verlierer. Was ungefähr das Gleiche ist. Wenn du aber gelassen bleibst inmitten der Hektik und daran denkst, wie ruhig es sein kann in des Lärmes Stille, dann wirst du es irgendwann spüren, dein Spiel. Du wirst dich gar nicht entscheiden müssen, denn das Spiel wird dich finden und du wirst fühlen, dass ihr zusammengehört. Wie beim ersten Kuss oder als du zum ersten Mal die Goldberg-Variationen von Bach gehört hast und es dir zu recht lächerlich vorkam, dass du jemals für Schubert oder Mozart geschwärmt hast. Es wird so sein wie damals, als du nach all den verlorenen Micky-Maus-Jahren deinen ersten Spiderman-Comic in der Hand hieltest, oder als du gemerkt hast, dass man Orangensaft ganz prima mit Wodka trinken kann. Es wird sich gut anfühlen. Alles wird passen. Du weißt auf einmal genau, wie die Würfel fallen, wohin die Kugel rollt, welche Karten das Spiel gewinnen und wie viel du setzen solltest.

Wenn dein Spiel dich gefunden hat, wirst du dich nicht unbesiegbar fühlen. Aber unsterblich. Und wenn du Las Vegas verlassen musst, wirst du weinen. Aber wenn du zurückkehrst, wird es sein, als wenn du nach Hause kommst. □

Thorsten Kolle *ist Redakteur dieser* MERIAN-*Ausgabe. Seit er mit vier Jahren von seiner Oma Doppelkopf lernte, ist er spielsüchtig. In Las Vegas gewann er 700 Dollar beim Poker.*

Mormonen, Mafia, MILLIARDÄRE

Text: Emanuel Eckardt

Hier macht man die Bank nass: Das „Sands“ war 1954 „the place to be“, berühmt für seine schwimmenden Craps-tische im Pool

Wie aus einem kleinen Goldgräberkaff mitten in der Wüste eine schillernde Metropole wurde. Die Geschichte von Las Vegas ist ein Mix aus Aschenputtel-Märchen und Gangster-Epos. Typisch Amerika eben!

Was macht die Berliner Mauer in Las Vegas? Sie demonstriert. Für den Frieden, als Zeitdokument, als Ende einer Beweiskette. Und die geht etwa so: Die Berliner Mauer fiel, weil es Atombomben gab. Und die wurden nur hundert Kilometer von Las Vegas entfernt getestet. Also wird ein solides Bruchstück der Berliner Mauer im Atomic Testing Museum in Las Vegas gezeigt.

Das Museum an der East Flamingo Road dokumentiert mit der Nüchternheit einer wissenschaftlichen Institution die Bombenstimmung, die den „Strip“ erfasste, als 1951 in Sichtweite der Hotels Lichtblitze den Himmel erhellten und spektakuläre Wolkentürme aufstiegen. Eine Touristenattraktion. Im „Sands Hotel“ wurde „Miss Atomic Bomb“ gewählt, das „Flamingo Hotel“ warb mit Atomfrisuren, und die Straße zum Testgelände wurde vierspurig ausgebaut.

Das Ground Zero Theater im Museum ist von meterdicken Betonwänden umschlossen, die Zuschauer sitzen auf Holzbänken. Ein Dokumentarfilm wird gezeigt. Kaum geht die Bombe hoch, bebt der Raum, erzittert die Bank. Erschütternd. Das Theater ist ein Simulator. So war es hier. Big Bang vor der Haustür. Insgesamt wurden 928 Tests in Nevada durchgeführt, davon 100 in der Atmosphäre. Seit 1992 ist Ruhe. Las Vegas hat neue Knaller.

Die Geschichte von Las Vegas ist in vieler Hinsicht explosiv; eigentlich lässt sich das Phänomen nur im Zeitraffer erklären. Wer diesen Teil des nordamerikanischen Kontinents entdeckt hat, bleibt im Dunkel des Pleistozäns. Vermutlich war es eine Gruppe von Großwildjägern aus Asien, die vor rund 13 000 Jahren auf der Jagd nach Mammut, Mastodon oder Riesenfaultier in diese Gegend kamen. Bis zum Auftritt der ersten Bleichgesichter sind die Stämme der Anasazi und Paiute hier zu Hause. Dann kamen spanische Missionare und mexikanische Kundschafter wie der junge Rafael Rivera, der die Auenlandschaft in der Wüste „las Vegas“ nannte, die Wiesen. 1844 erblickt der Topograph John C. Fremont zwei klare Bäche im Wiesengrund, ideal für ein erfrischendes Bad. Er setzt Las Vegas auf die Landkarte.

Der Name prägt sich ein. Der Ort, der noch keiner ist, wird zum Zwischenstop für die Trecks der Glückssucher und Pioniere auf dem Weg nach Westen. Und für die Mormonen, die „Heiligen der Letzten Tage“, die ausgezogen sind, die Indianer zu missionieren, in denen sie das künftige Kriegsbeil Gottes sehen, Lamaniten, verirrte Kinder Israels, die es gilt, zum rechten Glauben zurückzuführen. Nur wissen die nichts von ihrem Glück, und das macht sie nicht ganz ungefährlich.

Also bauen die Mormonen ihre Missionen als Festungen aus. Las Vegas erhält ein solides Fort aus dicken Lehmziegeln, mit Schießscharten und vier Meter hohen Wällen. Doch der Versuch, die Kinder Israels zu domestizieren, scheitert. Die Missionare verlassen ihre Station schon im dritten Jahr. Das Fort der Mormonen verfällt. Ein Teil der Mauer bleibt der Nachwelt erhalten. Immerhin war es die erste nennenswerte Immobilie des Weißen Mannes in Las Vegas.

Den Mormonen folgen Farmer, die das Land besiedeln. Die „San Pedro, Los Angeles & Salt Lake Railroad“ erwirbt einiges Farmland, mehr als sie braucht. Es gibt wohl keinen anderen Ort auf der Welt, der seine Existenz einer Auktion verdankt. Am 15. Mai 1905 versteigert die Eisenbahngesellschaft Farmland in Bahnhofsnähe und bekommt 265 000 Dollar für 176 Parzellen. Der Tag gilt als Gründungsdatum von Las Vegas. Und so entsteht ein staubiges Kaff ohne erkennbare Zivilisation. Das einzige Hotel ist ein großes Zelt, das einzige Restaurant die Kantine im Eisenbahn-Depot.

„Wer hier lebt, muss den Verstand verloren haben“, soll Mayme Stocker gesagt haben, als sie nach Las Vegas kam. 1920 eröffnet die Frau eines Eisenbahners den „Northern Club“ an der Fremont Street, ihre Schwestern arbeiten im Saloon-Business auf der anderen Straßenseite und verdienen ganz gut an der Prohibition. Ziehsohn Harold investiert in einige Schuppen in Block 16, dem Rotlicht-Distrikt, mit Bars, Spielcasinos und Bordellen. Legal ist das nicht, aber es ist nun mal Druck im Kessel.

Im Norden wachsen Behelfsunterkünfte aus dem Nichts. North Las Vegas wird zur Zuflucht der Trinker und Gesetzlosen. Alkoholschmuggler, so genannte „Moonshiner“, machen ihr Geschäft. Ein ausgeklügeltes System von Tunneln verbindet „Speakeasys“ und illegale Schnapsbrennereien und sichert Fluchtwege. Einige sollen mehrere Meilen lang gewesen sein. Las Vegas im Dunkel des Deliriums.

Der erste große Boom erfasst die Stadt mit dem Bau des Hoover-Staudamms. Zwischen 1928 und 1935 strömen Zehntausende junger Männer ins Tal. North Las Vegas nimmt sie auf; sie leben in Hütten und Zelten. Nicht alle finden Arbeit. Dafür aber jede Art von Zerstreuung. Denn 1931 wird das Glücksspiel im Bundesstaat Nevada legalisiert, und zwei Jahre später verfügt Präsident Roosevelt ein Ende der Prohibition, ein doppelter Vitaminstoß,

Bombenstimmung: Die Atomtests in den fünfziger Jahren lösten eine heute skurril anmutende Begeisterung aus, Showgirls schmückten sich mit Atompilz-Kronen

von dem Las Vegas profitiert. Außerdem bringt die Liberalisierung der Hochzeits- und Scheidungs-Gesetzgebung in Nevada tausende von Honeymoonern nach „Sin City". Las Vegas wird zur Stadt der Sünde.

Der Zweite Weltkrieg schafft neue Jobs. Nellis Air Force Base entsteht, eine Magnesiumfabrik für den Bau gewichtsreduzierter Bomben und die Las Vegas Aerial Gunnery School, später Trainingscenter für Kampfpiloten. Am „Strip" eröffnet das erste Hotel, „El Rancho", bald darauf das „Last Frontier".

Die Unterwelt nimmt Witterung auf. Der New Yorker Gangster Benjamin Siegel taucht auf, genannt „Bugsy" (die Wanze), ein charmanter Psychopath mit dem Aussehen eines Filmstars. Er zählt zur berüchtigten Kosher Nostra, Gangstern jüdischer Herkunft aus dem Osten der Staaten, die nach Chicago nun den Westen der USA unsicher machen. Bugsy kontrolliert die Buchmacher an der Westküste und die Gewerkschaft der Statisten in Hollywood. Gangsterdarsteller George Raft zählt zu seinen Freunden; Er verkehrt mit Jack Warner, Cary Grant und Barbara Hutton.

1945 plant er in Las Vegas ein ganz großes Ding. Er lässt das „Flamingo Hotel" bauen und investiert Millionen in die Ausstattung. Sein einziges Problem: Es ist nicht sein Geld, das er mit beiden Händen zum Fenster hinauswirft, sondern das der Ehrenwerten Gesellschaft. Sicher ist es auch ein Fehler, heimlich einige hunderttausend Dollar auf Schweizer Nummernkonten zu verschieben. Niemand stiehlt der Unterwelt Geld, ohne dafür zu zahlen. Am 20. Juni 1947 wird Benjamin Siegel im Haus einer Geliebten in Beverly Hills erschossen.

Der gewaltsame Tod des schönen Bugsy hat erstaunliche Nachwirkungen. Das „Flamingo", das er nicht zum Erfolg führen konnte, blüht auf; der Mythos filmreifen Gangstertums lässt Las Vegas boomen. Neue Hotels werden eröffnet, „Sands" und „Desert Inn", „Sahara", „Stardust", „Riviera", „Dunes" und „Tropicana". Las Vegas bekommt ein Convention Center. Ein Flughafen für Düsenflugzeuge entsteht.

Les Vegas hebt ab. Frank Sinatra bringt in den fünfziger Jahren den Swing an den „Strip" und mit ihm das *rat pack,* das „Rattengesindel", die smarte Gang der Entertainer Dean Martin, Sammy Davis jr., Peter Lawford und Joey Bishop. Las Vegas legt den roten Teppich aus für die schrille Piano-Diva Liberace und für den Lederjacken-Rock-'n'-Roll-Star Elvis Presley, macht ihn zum King, zur gepuderten Lichtgestalt im Schaumbad süffiger Streicherklänge.

Wenn allerdings farbige Entertainer wie Nat King Cole und Lena Horne im „El Rancho" oder „Flamingo" auftraten, durften sie nicht im Hotel übernachten, sondern mussten sich ein Zimmer im Schwarzen-Ghetto West Las Vegas suchen. Farbige Amerikaner durften kein Restaurant oder Casino betreten. Und als die Schauspielerin Dorothy Dandridge einmal ihren großen Zeh in den Pool des Last Frontier stippte, wurde das Wasser abgelassen. Es dauerte Jahre, bis Aufstände, die Bürgerrechtsbewegung und schließlich ein Gerichtsbeschluss die Rassendiskriminierung beendeten und die Casinos gezwungen waren, Küchenpersonal, Bartender, Kellner und Bühnenarbeiter schwarzer Hautfarbe einzustellen, was auch für andere Minderheiten wie Asiaten und Hispanics gelten sollte.

Der Mann, der Las Vegas veränderte wie kein anderer zuvor, kam als Gast. Am Erntedankfest 1966 mietete er die kompletten achten und neunten Stockwerke mit allen High-Roller-Suiten im „Desert Inn" für zehn Tage. Dann ließ er die Check-out-Time verstreichen, ohne sich zu rühren. Es gab Ärger. Die Hausherren drohten, ihn vor die Tür zu setzen. Sie brauchten die Suiten. Aber der Gast hatte den längeren Atem. Er kaufte das Hotel für 13 Millionen Dollar und schickte die Chefs in die Wüste.

Howard Hughes, Milliardär und Erbe der Hughes Tool Company, konnte über unerschöpfliche Geldströme verfügen und war einer der reichsten Männer der Welt, Mehrheitsaktionär der Fluglinie TWA, Luftfahrtpionier und Konstrukteur, Filmproduzent und Regisseur. Katharine Hepburn lag ihm zu Füßen, er entdeckte Jean Harlow und Jane Russell, machte sie zu Stars. Und er kaufte Las Vegas, ein Casino nach dem anderen. Erst als er nach dem „Stardust" griff, legte die US Securities and Exchange Commission ihr Veto ein. Sie befürchtete ein Hughes-Monopol in Las Vegas. Außerdem störte es sie, dass Mr. Hughes zu keinem Termin erschien. Der Machtmensch blieb unsichtbar. Wegen seiner paranoiden Angst vor Bakterien lebte er vollkommen zurückgezogen. 1970 verließ er, krank, verwirrt und verwahrlost, seine abgedunkelte Suite im „Desert Inn", um sich auf die Bahamas fliegen zu lassen.

Er hinterließ eine saubere Stadt. Die Mafia, durch so viel Geld an den Rand gedrängt, war aus dem Spiel. FBI und staatliche Untersuchungskommissionen hatten deren Machenschaften ans Licht geholt. Lizenzen wurden nur noch nach sorgfältiger Prüfung vergeben. Der Staat kontrollierte das Glücksspiel, und die großen Hotelkonzerne kamen ins Geschäft.

Die neuen Bosse der Stadt sind Milliardäre. 1973 eröffnet Kirk Kerkorian das neue „MGM Grand", nachdem er das „Flamingo" und das „International" an Hilton verkauft hatte. Dreimal hat er das jeweils größte Hotel der Welt auf drei verschiedenen Grundstücken errichtet.

Las Vegas wird familienfreundlich, es bietet Kinderprogramme wie im „Circus Circus", wird zum Schauplatz weltbewegender Sportereignisse und gibt als „Boxing Capital of the World" den Ring frei für Muhammad Ali (Cassius Clay), Floyd Patterson und Mike Tyson. Die Beatles, Céline Dion und Elton John treten auf, Illu-

Start: Die Macht der Werbung erkannten die Casinos schon früh. Neon-Reklameschilder prägen 1954 wie heute das Bild der Fremont Street

sionisten wie Siegfried und Roy und David Copperfield.

Der Strip wird zur Spielwiese der Superlative. 1989 eröffnet das weltgrößte Hotel-Casino „The Mirage" mit über 3000 Zimmern. Das „MGM Grand" erhöht den Einsatz auf 5000 Zimmer. Der Stratosphere Tower, Amerikas höchster Aussichtsturm (350 Meter), schießt himmelwärts, und die höchste Achterbahn der Welt stürzt kreischende Kids in den Abgrund. Neue Mega-Resorts eröffnen: „Luxor", „New York New York" und „Paris Las Vegas", „The Venetian", „Mandalay Bay" und das neue „New Aladdin". Las Vegas im Höhenrausch. „Treasure Island" und „Bellagio" zeigen die Handschrift des Milliardärs Steve Wynn, der neuen Leitfigur unter den Wiesenwirten am „Strip" (siehe auch Seite 86).

Das alte Las Vegas versinkt. Das „Sands" wird gesprengt, ebenso das „Hacienda" und das „Desert Inn", das gerade erst für 200 Millionen Dollar renoviert worden war. Nichts ist ewig. Die Sprengung von Hotelriesen gehört zu den Highlights des Entertainments, ist ein Schlachtfest des Betonzeitalters, inszeniert als Countdown mit meisterhaftem Feuerwerk. Haushohe Ziffern sprühen an der entkernten Fassade, 3 – 2 – 1 – Rumms. Das „Stardust" sinkt in sich zusammen, um dem „Echelon" Platz zu machen, das „New Frontier" weicht dem Nachbau des „Plaza" am New Yorker Central Park.

Las Vegas dehnt sich, die Oase überwuchert die Wüste. Zuwanderer kommen aus allen Richtungen. Wenn es eine Adresse für den amerikanischen Traum gibt, dann ist es die am schnellsten wachsende Metropolregion der USA mit den Städten Las Vegas, Boulder City und Henderson. Musterstädte wie Summerlin und Sun City wachsen bis zum Horizont. Erstaunlich genug: Während im Osten und Mittleren Westen der USA die Kirchen zu hunderten dichtmachen, kann der Bischof von Las Vegas gar nicht schnell genug neue Kirchen bauen. Die Stadt der Sünde ist Gottes Großbaustelle; steter Zuzug katholischer Latinos führt zu Priestermangel. Das Bistum Las Vegas ist eine der am schnellsten wachsenden Diözesen in der Welt.

Das Wachstum stößt an natürliche Grenzen. Weil die Talsenke des Las Vegas Valley längst durch Einfamilienhaussiedlungen verbaut ist, erlebt die Stadt einen beispiellosen Immobilienboom, wachsen Hochhäuser auf dem knapper und teurer werdenden Grund, türmen sich Eigenheime aufeinander wie Chips am Spieltisch. Wer gestern noch in Aktien investierte, setzt heute auf Condos. Condominiums, Apartments oder Suiten in Hochhäusern, sind begehrte Spekulationsobjekte. Der Einsatz lohnt. Rund 175 Wohntürme sind derzeit in Las Vegas in Bau oder in Planung.

Wer hat den Größten? Ivana. Das ehemalige Model baut mit 281 Meter Höhe den größten Wohnturm im amerikanischen Westen, „The Ivana", höher als die Trump-Towers ihres Ex-Mannes Donald. Trost für ihn: Sein 1283-Zimmer-Apartment-Projekt war innerhalb von fünf Tagen ausverkauft. Full House.

Hollywood-Stars kaufen sich ein, Celine Dion, Barry Manilow und Elton John, Leonardo DiCaprio und Tobey Maguire. Und auch Steffi Graf fand offenbar keinen schöneren Wohnort für ihre kleine Familie.

Vegas, mit 37 Millionen Besuchern pro Jahr weltgrößtes Dienstleistungszentrum der Freizeit-Industrie, ist der heißeste Arbeitsmarkt der USA. Jeden Tag eröffnet ein neues Restaurant, kommen bis zu zweihundert neue Bürger in die Stadt.

Der Verkehrsstau in der Wüste gehört zum Alltag. Die Wasserversorgung wird zum Problem, der Spiegel des Lake Mead, aus dem Las Vegas 90 Prozent seines Trinkwassers bezieht, sinkt (siehe auch S. 84). Aber für umweltbewusstes Verhalten hat die Stadt noch ein As im Ärmel. Die Rückkehr zur Wüste wird subventioniert. Wer Rasen durch Wüstenpflanzen ersetzt, wird mit Prämien belohnt.

Back to the roots. Downtown, dort, wo alles begann, wölbt sich im Main Street Station Casino die gusseiserne Bahnhofshalle. Wo einst Lokomotiven verschnauften, rappeln Spielautomaten. Zur Antiquitätensammlung des Casinohotels gehören nicht nur Skulpturen und Gemälde, sondern auch – Überraschung! – ein solides Stück der Berliner Mauer. Das zweite Exemplar in Las Vegas. Es ist nur für Gentlemen zugänglich, denn es ist Teil der Herrentoilette, Original und Urinal sind untrennbar miteinander verbaut. Was macht die Berliner Mauer in der Herrentoilette? Sie demonstriert. Die Botschaft ist klar, unter Männern. Piss off Communism. □

Hart: Gangster Benjamin „Bugsy" Siegel ließ 1945 das „Flamigo" bauen, zwei Jahre später wurde er erschossen. Aber die Mafia blieb und bescherte Vegas einen ersten Boom

Frankie Boy und sein „Rat Pack" – als Las Vegas lässig wurde

Smart: Diese fünf Jungs hatten mit ihren Casino-Shows in den fünfziger und sechziger Jahren großen Anteil am „Mythos Vegas": Frank Sinatra, Dean Martin, Sammy Davis jr., Peter Lawford und Joey Bishop (von links)

MERIAN VON A–Z ZUM BESTELLEN

- Ägypten
- Amsterdam
- Andalusien
- Athen

- Australien
- Baden-Württemberg*
- Bali
- Baltikum
- Barcelona
- Berlin
- Bonn*
- Brasilien
- Braunschweig*
- Budapest

- Burma
- Chicago
- Chile und Patagonien
- China: Peking und der Norden
- Côte d'Azur
- Deutschland*
- Dominikanische Republik

- Dresden
- Dubai
- Elsass
- Emilia-Romagna
- Esslingen*

- Essen*
- Finnland
- Florenz
- Florida
- Frankfurt
- Französische Atlantikküste
- Gardasee
- Griechenland*
- Große Ferien*
- Hamburg
- Harz
- Hongkong
- Irland

- Island
- Istanbul
- Italien**
- Japan
- Jerusalem
- Kalifornien
- Kanalinseln

- Kanar. Inseln
- Kapstadt
- Karlsruhe*
- Kiel*
- Köln

- Kopenhagen
- Krakau
- Kreta
- Kroatien
- Kuba
- Las Vegas
- Leipzig
- Ligurien
- Lissabon
- Die Loire
- London
- Luxemburg
- Madrid
- Mallorca
- Malta
- Marokko
- Masuren
- Mauritius und Réunion
- Meckl.-Vorp.
- Mexiko

- Mongolei

- Moskau
- MS Europa*
- München
- Münsterland
- Namibia
- Neapel und die Amalfiküste
- Neuseeland
- New York
- Wasserreich Niedersachsen*
- Norwegen
- Nürnberg
- Oberbayern
- Osnabrück und Osnabrücker Land*
- Paris
- Piemont / Turin
- Portugal
- Prag

- Provence
- Rocky Mountains
- Rom
- Das neue Ruhrgebiet*
- Rügen
- Salzburg und das Salzburger Land
- Schottland
- Schweden
- Schweiz
- Shanghai
- Sizilien
- Slowenien
- Spaniens Norden
- St. Petersburg

- Steiermark
- Südafrika
- Südtirol
- Sylt
- Syrien·Libanon
- Tessin
- Thailand
- Thüringen
- Tirol
- Toskana

- Traumstraßen*
- Türkische Südküste
- Ulm*
- Umbrien und die Marken
- USA: Der Süden

- Valencia
- Venedig
- Vietnam
- Vorarlberg
- Weimar
- Wien / Niederösterreich
- Autostadt Wolfsburg*
- Zürich
- Zypern

MERIAN-Ausgaben erhalten Sie für 7,50 Euro, die MERIAN Extra-Ausgaben für * 5,– bzw. ** 7,50 Euro

MERIAN ist das Synonym für Reisen und Kultur auf höchstem Niveau. Wertvolle Tipps und detailgetreue Kartographie erleichtern Ihre Reiseplanung und geben neue Ideen und Ziele.

Nutzen Sie auch den bequemen Bestellservice unter Telefon 040/87973540 oder www.merian.de/shop

MERIAN
Die Lust am Reisen

DER KAMPF UMS WASSER

Früher waren Gold und Silber Nevadas Schätze. Das ist vorbei. Im Südwesten der USA geht es heute nur noch um einen kostbaren Rohstoff

TEXT: JÜRGEN KALWA

Es ist ein einfacher Reflex: Die Bewohner der Wüste folgen dem Wasser, und wenn sich das Wasser verzieht, ziehen sie mit. Und zwar mit Sack und Pack.

Man darf davon ausgehen, dass die Menschen in Nevada den Zusammenhang dieses Regelmechanismus der Natur entweder nicht verstehen oder einfach nur ignorieren. Sonst würden sie nicht seit 50 Jahren in Massen in eine der heißesten Gegenden der Welt ziehen, wo sich nur dank leistungsfähiger Klimaanlagen und Sprinklersysteme eine wuchernde Zivilisation ausbreitet. Die Folgen dieses unvernünftigen Handelns liegen auf der Hand: Das Wasser wird knapp.

Experten warnen: 2007 werde der Wasserspiegel des Lake Mead, des Trinkwasserreservoirs von Las Vegas, der seit knapp zehn Jahren fast kontinuierlich sinkt, um weitere fünf Meter fallen. Vorhersagen darüber, wann der Pegel jemals wieder steigen wird, gibt es nicht. Der Lake Mead ist nur noch halb voll. Das Wasser ist auf dem Rückzug. Der Mensch muss mit.

Eine derartige Entwicklung dürfte wohl niemand in den dreißiger Jahren vorausgesehen haben, als man sich daran machte, das größte künstliche Gewässer der Vereinigten Staaten durch den Bau des mächtigen, 220 Meter hohen und auf seiner gekrümmten Krone fast 380 Meter langen Hoover-Damms aufzustauen. Der Staudamm garantiert seitdem nicht nur die Wasserversorgung, auch Strom für bis zu 750 000 Verbraucher wird hier produziert. Außerdem bietet der See einen nicht zu unterschätzenden emotionalen Wert – als attraktives Urlaubsziel (siehe hierzu auch Seite 106).

Wie stark der See geschrumpft ist, der ursprünglich eine Oberfläche von 650 Quadratkilometern bedeckte, erkennt man beim Anflug auf Las Vegas aus dem Osten, bei dem die Maschinen über dem Lake Mead einschweben. Der Blick aus dem Fenster zeigt, wie dramatisch die Situation geworden ist. Denn der mehr als 30 Meter breite weiße Rand, der entstand, als das an den Ufern plätschernde Wasser jahrtausendealtes Sediment von den Canyonwänden abwusch, ist nicht zu übersehen. Die Menschen hier nennen dies den „Bathtub Ring". Er ist das Symbol einer Fehlkalkulation von enormen Dimensionen.

Auf den anderen Teil des Problems blickt Patricia Mulroy jeden Tag aus ihrem Büro am South Valley View Boulevard in Las Vegas – einer wuchernden Metropole, die sich unter dem heißen Dach eines wolkenlosen Himmels wie ein riesiger Teppich ausbreitet. „Nevada ist der trockenste Staat in den USA", sagt sie. „Und Las Vegas ist die trockenste Stadt in den USA."

Mulroy, eine schlanke Frau von Mitte 50 mit weißen kurzen Haaren, besitzt eine besondere Gabe. Sie versteht es, das sprichwörtliche Glas Wasser auf eine angenehme Weise zu servieren: Es sieht dann nicht mehr halb leer aus wie der See, sondern halb voll.

Ihr offizieller Titel ist „General Manager" der Southern Nevada Water Authority (SNWA), was nach weniger klingt, als es ist. Weshalb amerikanische Medien sie und ihre Rolle im Kampf um den Rohstoff Nummer eins gerne etwas illustrativer beschreiben. „Wasserkaiserin" hat sie das Magazin *High Country News* vor ein paar Jahren tituliert. Sie sei „eine der mächtigsten Beamten in Nevada", schrieb die *Los Angeles Times* über die in Bayern geborene Tochter eines amerikanischen Luftwaffenoffiziers und einer deutschen Mutter. Ihre Bewunderer loben ihr „Stehvermögen und ihre Entschlossenheit, ihr Wissen und ihre Ausgebufftheit" (*Las Vegas Sun*) und unterstreichen, dass Patricia Mulroy inzwischen als Expertin gilt für das größte Problem des amerikanischen Westens im Allgemeinen und Las Vegas' im speziellen – den sich abzeichnenden Wassermangel.

Zwar schwoll die Bevölkerung in der Stadt und den Nachbargemeinden in den vergangenen zwei Dekaden von 60 000 Menschen im Jahr auf fast zwei Millionen Einwohner an. Aber die Sparmaßnahmen Mulroys haben den großen Durst ein wenig gelindert. Recycling-Programme in den Casino-Wolkenkratzern am Strip, wo mehr als die Hälfte der zwanzig größten Hotels der Welt stehen, sorgen dafür, dass Brauchwasser nicht einfach versickert oder verdunstet. Prämienzahlungen für Hausbesitzer, die ihre Rasenflächen herausreißen und mit Gartenpflanzen ersetzen, die in der Wüste auch ohne künstliche Bewässerung überleben, zeigen Erfolge. Fünf Millionen Quadratmeter an wasserverschlingenden Grasflächen verschwanden. Der Gesamtwasserverbrauch von Las Vegas ging trotz des zügellosen Wachstums um 20 Prozent zurück.

Der jüngste Plan der „Wasserkaiserin" sieht vor, dass Las Vegas einen Teil seines Wasserbedarfs in Zukunft aus einem abgelegenen Tal, knapp 500 Kilometer in Richtung Norden

Der in den 1930er Jahren erbaute Hoover-Damm staut das Wasser des Colorado River. Der so entstandene Lake Mead ist Las Vegas' Trinkwasser-Reservoir. Seit Jahren fällt der Wasserpegel, gut zu erkennen an dem 30 Meter breiten weißen Rand, dem so genannten „Bathtub Ring"

entfernt, decken darf. In den Erdschichten der Region um Spring Valley und Snake Valley, einer Region von der Größe Schleswig-Holsteins, in denen ein paar hundert Rancher leben und Viehzucht betreiben, schlummern Milliarden Liter Grundwasser, die sich relativ leicht über eine Rohrleitung in die Boomtown pumpen lassen werden. Das Geld für die 2 Milliarden Dollar teure Pipeline ist bewilligt.

Um die Opposition der Rancher zu dämpfen, bot Mulroy stattliche Preise für das begehrte Land. Rancher Brandon Humphries, der noch vor drei Jahren geschimpft hatte: „Mir gefällt die Idee nicht, dass mein Zuhause austrocknet, damit in Las Vegas ein anderes Haus oder Casino gebaut werden kann", erhielt 6 Millionen Dollar für seine rund vier Quadratkilometer Weideland und arbeitet heute als Angestellter der Water Authority auf seinem alten Besitz.

Im August 2007 regte sich jedoch auch Widerstand aus dem Nachbarstaat Utah, wo die Furcht keimt, dass das abgepumpte Wasser den Landstrich im Westen von Salt Lake City austrocknen lassen könnte und Sandstürme entstehen, die die Lebensqualität im Mormonenstaat reduzieren. Dies „könnte die erste Salve in einem totalen Wasserkrieg sein", mutmaßte die *Ely Times*, das wichtigste Nachrichtenorgan des betroffenen ländlichen Counties.

Dass die Nachbarstaaten Nevada im Kampf ums Wasser Knüppel in den Weg legen, ist nichts Neues. Die Grundlage für die Auseinandersetzungen ist ein Vertrag aus dem Jahr 1922, als sieben Anrainer-Staaten des Colorado – Arizona, Colorado, Kalifornien, Nevada, New Mexico, Utah und Wyoming – lange ehe der Lake Mead entstand, sich darauf einigten, wer welche Mengen Wasser aus dem 2300 Kilometer langen Fluss abpumpen darf. Der „Colorado River Compact" begrenzte die Gesamtentnahme und legte einen Verteilungsschlüssel zwischen den einzelnen Staaten fest, der völlig einseitige Verhältnisse schuf. Kalifornien beispielsweise erhielt ein Deputat von 29 Prozent, Nevada wurden ganze zwei Prozent zugestanden. Die über 80 Jahre alte Vereinbarung wird der unterschiedlichen Bevölkerungsentwicklung schon lange nicht mehr gerecht. Las Vegas beispielsweise war damals nicht mehr als eine Eisenbahnstation mitten in der Wüste mit weniger als 5000 Einwohnern, heute ist es die wohl am schnellsten wachsende Stadt der USA.

Eine Änderung des Vertrages ist jedoch ebenso wenig in Sicht wie eine nachhaltige, bundesstaatenübergreifende Wasserpolitik. Im Grunde setzen alle auf wirtschaftliches Wachstum versessenen Orte im Südwesten der USA ausschließlich auf Zeit. So waren etwa die 1990er Jahre eine vergleichsweise entspannte Phase, in denen die Schneeschmelze in der Sierra Nevada und in den Rocky Mountains und größere Regenfälle dafür sorgten, dass der Lake Mead relativ voll war. Seit jener Zeit herrscht Dürre. Um den Lake Mead wieder aufzufüllen, bräuchte man Jahre mit überdurchschnittlichen Niederschlägen. Statt dessen ging das Volumen, das der Colorado jedes Jahr liefert, um 30 Prozent zurück.

Die Auswirkungen einer anhaltenden Trockenheit malt Patricia Mulroy den Menschen in Las Vegas nicht sehr gerne an die Wand. Noch lebt es sich schließlich gut in der Oase. Die Wasserkosten könnten allerdings das wirtschaftliche Wachstum bremsen. Die Seifenblase würde, so Mulroy, platzen, wenn „Banken, die die Bauindustrie in Las Vegas finanzieren", die ersten Kreditanträge ablehnen. □

Jürgen Kalwa, *arbeitet als freier Autor in New York, schreibt unter anderem regelmäßig für die* Frankfurter Allgemeine Zeitung.

REIN IN DIE RUND UM DIE

Die Wahrzeichen von Las Vegas sind Luxushotels der Superlative: Ob Venedig, Ägypten, Paris, New York – am Strip ist die ganze Welt zu Hause

Text: Thorsten Kolle

Foto: H.+D. Zielske

STADT, WELT!

Venedig liegt in Vegas: Allerdings steht der Campanile hier nicht auf dem Markusplatz, sondern markiert den Eingang zum Shopping-center des VENETIAN Resorts. Auf der Kopie der Rialtobrücke sorgen Laufbänder für eine bequeme Überquerung des künstlichen Canal Grande. Wie sagt man in Las Vegas? „It's like Europe – even better!“

Foto: H.-D. Zielske

Das riesige Atrium des LUXOR bietet Platz für Tempelarchitektur und Obelisken. Die Zimmer in den 31 Stockwerken haben schräg verlaufende gläserne Außen- aber senkrechte Innenwände. Ein Erlebnis ist alleine schon die Fahrt in einem der 16 Aufzüge, „Inclinators" genannt, die im abenteuerlichen Winkel die diagonalen Wände hoch- und runterklettern

Ein Nachbau der Großen Sphinx von Gizeh begrüßt die Gäste vor dem Hotel. Im Gegensatz zum Original ist die Nase unbeschädigt. Aus der gläsernen Pyramidenspitze schießen 39 Xenon-Lampen jede Nacht einen gewaltigen Lichtstrahl in den Himmel, der aus einem Flugzeug heraus noch in gut 400 Kilometern Entfernung zu sehen ist

Am Südende des Strip liegt **ÄGYPTEN.** Der 106 Meter hohe, mit dunklem Glas verkleidete Pyramidenbau des Luxor-Hotels ist fast so gewaltig wie sein Vorbild, die Cheops-Pyramide von Gizeh

Kaum eine der vielen Kopien am Strip kommt dem Original so nahe wie der Eiffelturm vor dem PARIS LAS VEGAS. Im Maßstab 1:2 gehalten, ragt er 140 Meter hoch in Nevadas Himmel, nachts natürlich voll illuminiert

Bonsoir **PARIS**, good evening Las Vegas! Die Wahrzeichen der Grande Nation – Eiffelturm, Louvre, Triumphbogen – als Dekoration für ein Hotel-Casino

Foto: H.-D. Zielske

Die „Desert Passage“ im **PLANET HOLLYWOOD** ist eine phantastische Kunstwelt. Besucher werfen meist zwei oder drei Blicke nach oben, um zu realisieren, dass sie sich nicht unter freiem Himmel befinden. Die Illusion ist perfekt, wenn regelmäßig dunkle Wolken aufziehen, Donnergrollen ertönt und Regentropfen niederprasseln. Und das, mitten in der Wüste, während draußen Temperaturen über 40 Grad herrschen

So mag der Amerikaner den **ORIENT:**
als pittoreske Einkaufspassage
mit Moschee unter künstlichem Himmel –
aber garantiert ohne Islam

Normalerweise besucht man eine Stadt, weil sie kulturell und geschichtlich interessante Sehenswürdigkeiten bietet. Ob Markusplatz in Venedig, Eiffelturm in Paris oder Freiheitsstatue in New York. Hotels sind in diesen Weltmetropolen nur nebensächlich – irgendwo muss der Besucher ja nun mal schlafen. In und um Las Vegas ist es anders. Da gibt es keine Sehenswürdigkeiten, es sei denn man schwärmt für die Steinwüste Nevadas. Was also tun, um nicht nur Wüstenfüchse und Spieler hierher zu locken? Die Antwort ist einfach, das Ergebnis spektakulär: Die Hotels müssen die Sehenswürdigkeiten sein.

Kaum einer hat dies besser erkannt als ein Mann aus New Haven, Connecticut, der seit den sechziger Jahren in Las Vegas lebt und die Stadt verändert hat wie kein Zweiter. Sein Name ist Programm: Wynn. Und natürlich ist dieser Name, wie so vieles in Vegas, nicht ganz echt. Der Vater von Steve Wynn, dem großen Macher von Las Vegas, wurde noch als Michael Weinberg geboren. Der Betreiber einiger Bingohallen an der Ostküste änderte 1936 seinen Namen aus Marketinggründen jedoch in Wynn. Und gewonnen hat sein Sohn Steve seitdem so ziemlich alles. Aufgewachsen im Zockermilieu, begann der 1942 geborene Stephen Alan Wynn seine Karriere als Ausrufer in den familieneigenen Bingohallen, erst in Maryland, später in Las Vegas, wo er für 45 000 Dollar einen Drei-Prozent-Anteil am „Frontier Hotel" erwarb.

„Ich werde eine gigantische, tanzende Wasserfontäne in der Wüste bauen und einen Feuer spuckenden Vulkan, und nette, normale Familien werden nach Vegas fliegen, um hier zu spielen. Die Spieler an den Slotmachines werden Eintritt zahlen, um sich Bilder von Picasso und Gauguin anzuschauen, Menschen aus aller Welt werden in Scharen kommen, um zwei merkwürdigen Deutschen beim Spielen mit weißen Tigern zuzusehen." Was hätte man in Deutschland, was hätte man überall auf der Welt mit einem jungen Mann gemacht, der solchen Unsinn erzählt? Genau: Auf die Couch oder ab in die Politik, aber auf gar keinen Fall Geld in die Hand drücken. In Nevada jedoch fand Steve Wynn Finanziers, die ihm glaubten.

Dabei erwies sich seine erste Investition im „Frontier" als Flop: Einige Mitbesitzer im „Frontier" waren Strohmänner der Detroit-Mafia, die Sache flog auf, und Wynn, obwohl nicht in die Angelegenheit verwickelt, war gezwungen, seine Anteile zu verkaufen. Doch er blieb in der Stadt und wollte weiter mitmischen. Wynns Hartnäckigkeit imponierte E. Parry Thomas, einem der mächtigsten Bankiers in Las Vegas. Der Finanzmann fand Gefallen an dem jungen, stets gut gekleideten Wynn und seiner wunderschönen Frau, die sogar einmal zur „Miss Miami Beach" gewählt worden war. Zusammen fädelten sie einen Deal ein, der allein deshalb legendär wurde, weil sie die ersten waren, die es schafften, dem damaligen Großgrundbesitzer von Las Vegas Land abzukaufen. Zwar nur ein kleines Grundstück, eine Art Parkplatz neben dem „Caesars Palace", aber der Mann, dem Wynn es abhandelte, hatte bis dahin in Las Vegas niemals auch nur einen Hosenknopf verkauft. Sein Name: Howard Hughes. Elf Monate später kaufte „Caesars Palace" Wynn den „Parkplatz" für 2,25 Millionen Dollar ab. Wynn machte einen Profit von 766 000 Dollar. Sein Startkapital für die Eroberung von Las Vegas.

Wynn erwarb Anteile am „Golden Nugget" und wurde mit 31 Jahren der jüngste Casino-Vorsitzende in der Geschichte der Stadt. Er brachte das etwas heruntergekommene Traditionshaus in Schwung und expandierte nach Atlantic City. Auch hier setzte er äußerst gewinnbringend seinen Immobilienan- und -verkauf fort, er erwarb für 8,5 Millionen Dollar das alte „Strand Motel", ließ es abreißen und ein zweites „Golden Nugget" hochziehen, das er 1987 für 440 Millionen Dollar wieder verkaufte. Spätestens jetzt wären die meisten ausgestiegen aus dem Monopoly-Spiel und hätten in der Schlossallee sehr gut von ihren Zinsen leben können. Nicht aber Steve Wynn, er erhöhte die Einsätze.

630 Millionen Dollar kostete Wynn 1989 der Bau eines bis dahin einmaligen Superhotels: Das „Mirage" mit seinen 3000 Zimmern, einem Feuer spuckenden Vulkan vor dem Eingang und einem 45 Millionen Dollar teuren Golfplatz für die „High Roller", die millionenschweren Zocker, läutete eine neue Zeitrechnung in der Wüste Nevadas ein. Auch Wynns Geldbeschaffung war neu: 535 Millionen kamen aus Junk-Bonds des Finanziers Michael Milken.

Steve Wynn und sein nach ihm benanntes neues Superhotel: Außen eher nüchtern, innen eine bunte Wundertüte

Mehr Luxus geht zur Zeit auch in Las Vegas nicht: Das „Wynn“ kostete rund 2,7 Milliarden Dollar

„Er spielt mit Geld, ich mit Chips“, kommentierte Wynn die Partnerschaft. Die Investition machte sich bezahlt: Bereits im zweiten Jahr erzielte das Mirage einen Umsatz von 201 Millionen Dollar, Rekord für ein einzelnes Casino.

Der Erfolg des „Mirage“ hat Las Vegas sein heutiges Gesicht gegeben. Das Konzept des luxuriösen „Motto-Hotels“ für die ganze Familie hat den Strip verändert. Ob „Luxor“, „Treasure Island“ „Venetian“, „Paris“, „Bellagio“ oder „New York New York“ – Wynn fand viele erfolgreiche Nachahmer, in einige der neuen Hotels investierte er auch selbst. Zwischendurch ging's für den „Wynner“ auch mal abwärts, im Jahr 2000 war er gezwungen, seine Casinoanteile an den Konkurrenten Kirk Kerkorian (dem gehören u.a. das „MGM Grand“ und das „Mandalay Bay“) zu verkaufen – für rund 6,4 Milliarden Dollar. So bestückt, war es für Wynn dann ein leichtes, am 28. April 2000 seiner Frau Elaine zum Geburtstag das für 270 Millionen Dollar frisch renovierte „Desert Inn“ zu schenken. Kurz darauf ließ Wynn das traditionsreiche Haus, in dem der Original-Oceans-11-Film mit Frank Sinatra gedreht wurde, schließen. Und sprengen. Er brauchte Platz für sein neuestes – und natürlich teuerstes – Projekt, das nach ihm benannte Super-Luxus-Hotel „Wynn“.

Der Vater zweier erwachsener Töchter änderte hierfür die selbst gemachten Regeln und entwickelte wieder einmal ein neues Konzept. Während Wynns Motto-Hotels aus den neunziger Jahren nach dem Prinzip funktionieren, dass sie ihre Attraktionen bereits vor der Hoteltür offen und kostenlos für jedermann präsentieren, wie die tanzenden Fontänen des „Bellagio“ oder die Piratenschiffe vor dem „Treasure Island“, gibt sich das 2005 eröffnete „Wynn“ zugeknöpft. Wasserfälle, künstliche Berge, parkähnliche Gartenanlagen und phantastische Theater – all dies ist den Gästen des geschwungenen, schokoladefarbenen Kastens mit seinen 2716 Zimmern, auf dem riesig und leuchtend die Unterschrift des Namensgebers prangt, vorbehalten. Mit dem Haus, das rund 2,7 Milliarden Dollar kostete und damit zu den teuersten Hotels der Welt gehört, hat Steve Wynn eine Antithese zu seinem bisherigen Las-Vegas-Bild geschaffen. „Themenparks sind nur eine Ansammlung von Wows“, sagt Wynn heute. „Hotels aber sollten Orte für unterschiedliche Gefühle sein und zum Verweilen einladen.“ Wie gesagt, das erklärt derselbe Mann, der die Hotelthemenparks erfunden hat.

Möglicherweise ist der Dalai Lama der Grund, warum Wynn am neuen, dezenteren Vegas arbeitet. Der früher als cholerisch und rastlos geschilderte „Golden Boy“ fühlt sich seit einigen Jahren dem Buddhismus nahe, eine zweistündige Audienz beim Dalai Lama soll, so Elaine Wynn, „sein Leben verändert haben“. Bezogen auf das Hotelgeschäft fragt sich Wynn heute: „Lag ich möglicherweise falsch damit, als ich die ganzen Shows und Attraktionen vor den Hotels platzierte?“ Um auch gleich die Antwort zu geben. „Das Publikum gehört nicht auf den Bürgersteig. Es sollte in den Hotels sein – essen, trinken, spielen, shoppen. Ich lag die ganze Zeit um 180 Grad daneben. Wenn mir das früher klar gewesen wäre, hätte ich niemals Tiger im Mirage auftreten lassen, damit die Leute vorbeischauen.“ Nun ja, er verdiente nicht so schlecht mit dem alten Konzept, es brachte ihn immerhin 2006 auf Rang 107 der Forbes-Liste der reichsten Amerikaner.

Der Vulkan ist das Symbol des „Mirage“, des ersten Mottohotels am Strip

Ob auch das neue, „buddhistische“ Wynn ein Erfolg wird? Neben dem puren Luxus in den Suiten des 50-Stockwerke hohen Klotzes (die Etagen 13 sowie 40 bis 49 fehlen, um abendländischem und chinesischem Aberglauben Rechnung zu tragen) bleibt beim Besucher wenig hängen. In der Werbung tönt es gewohnt Las Vegas-großspurig: „Michelangelo brauchte vier Jahre für die Sixtinische Kapelle, für Ihr Zimmer brauchten wir fünf Jahre“, trotzdem sind die meisten Touristen vom „Venetian“ oder „Luxor“ mehr angetan. Das mag auch daran liegen, dass Steve Wynns Vorliebe für große Kunst nicht dem Mainstream entspricht. Die „Wynn Art Collection“ umfasst unter anderem Werke von Cézanne, Gauguin, Van Gogh und Picasso. Während das „Wynn“ gebaut wurde, war die Ausstellung im Nevada Museum of Art in Reno zu sehen, nun hängen die millionenschweren Meisterwerke ein wenig unsortiert im Hotel Resort herum. Und Besucher, die es in Vegas gewohnt sind, nur gut gemachte Attrappen vorzufinden, lassen, sagen wir mal, ein wenig die rechte Kunstbegeisterung vermissen. Zumal das „Kronjuwel“ der Sammlung, Picassos „Le Rêve“, nicht mehr in der allerbesten Verfassung ist. Wynn erwarb das Gemälde 1997 für 48,4 Millionen Dollar, 2006 annoncierte er den Verkauf an den Selfmade-Milliardär Steven A. Cohen für den Rekordpreis von 139 Millionen Dollar. Bei der Präsentation des Werkes rauschte der hibbelige Wynn mit dem Ellenbogen in die Leinwand, der Deal platzte.

Aber vielleicht ist Steve Wynn ja wieder einmal allen ein Stück voraus. Und so, wie er in den neunziger Jahren die Familien nach Vegas brachte, reagiert er mit dem „Wynn“ auf die soziodemographische Entwicklung mit mehr Singles und sinkenden Geburtenraten: In der Pool-Landschaft des „Wynn“ sind Kinder verboten, weil auch im Wasser an Kartentischen um Geld gespielt wird. Was dazu wohl der Dalai Lama sagen würde. □

>> Weitere Informationen zu den Super-Hotels im Infoteil ab Seite 113

Bizarre Felsformationen, zumeist aus Basalt- oder Sandstein, bestimmen das Landschaftsbild im Bryce Canyon. „Thors Hammer“ wird diese steil aufragende Skulpur genannt, sie gehört zu den meistfotografierten Naturphänomenen der Welt

Im Tal der Hoodoos

Tausende kurioser Felsnadeln stehen im Süden Utahs mitten in der Wildnis. Eines der begehrtesten Fotomotive der Welt. Aber das Licht und die Götter müssen mitspielen.

Texte: Marc Bielefeld

Foto: Patrick Loertscher

Wie Zähne eines Riesen ragen Sandsteinformationen aus dem kargen Sand empor. Der Mensch wirkt winzig, angesichts der Größe und Ewigkeit dieser Naturlandschaft

Das beste Licht, sagt Paul Cox, herrscht in den frühen Morgenstunden. Das Licht ist dann klar und scharf. Die Sonne muss schräg am Himmel stehen, knapp über dem Horizont. Cox deutet gen Osten, mit lang ausgestrecktem Arm, seine Sonnenbrille nimmt er wohl nie ab. „Natürlich, die anderen Tageszeiten sind auch nicht schlecht“, fügt er noch hinzu. „Aber es geht nichts über den sehr frühen Morgen.“

Will man wirklich den besten Moment erwischen, sollte es zudem ein Tag im Herbst sein. Nicht zu kalt. In der Nacht zuvor sollte es geregnet haben. Cox macht eine Pause. Wenn die Feuchtigkeit noch in den Blaukiefern des Hinterlands hängt, auf den Felsen steht und die Nässe von überall das Licht reflektiert, erst dann stimmt alles. Genau dieser Moment ist der richtige. Nicht zu überbieten. Nicht mal im Winter bei Schnee.

Cox trägt ein schwarzes Hemd, er hat graue Haare, Schnauzer. Er steht unten vor dem „Ruby's Inn“ auf einer Wiese in der Sonne, gleich neben dem Acker, wo sie abends beim Rodeo die Bullen bändigen. Cox steht neben seinem Helikopter, Typ Bell Jet Ranger, er ist ein alter Fuchs, kein Mensch auf Erden hat den Bryce Canyon aus mehr Perspektiven gesehen als er.

Cox fliegt seit 35 Jahren durch diese irre Steinwelt. 15 Starts am Tag. Fliegt Touristen, Fotografen, Kamerateams, alles. Cox ist, was man einen Experten des schönsten Augenblicks nennen könnte. Denn seine Augen kennen sie am besten: die unglaublichen Schattierungen, die furiosen Farben, wenn die berühmten Felsen dieser Gegend aufglühen wie Osterfeuer. „Der Anblick ist kaum zu überbieten“, sagt Cox. Wenn das Licht stimmt.

Mehr als eine Million Menschen reisen jedes Jahr in den Süden von Utah, um zu sehen, wie der Bryce Canyon zu brennen beginnt. Die Show spielt sich in einer Höhe von 2400 bis 2700 Meter ab, dort, wo sich die Schlucht in die Ostkante des Paunsaugunt-Plateaus geschnitten hat. Paunsaugunt ist ein Begriff der Paiute-Indianer, die hier als Erste lebten. Das Wort bedeutet „Heimat der Biber“.

Durch enge Gassen zwischen dicht beieinander stehenden Felswänden führen Wanderrouten im Bryce Canyon

Der Canyon ist ein Sonderfall. Er besteht aus mehreren Amphitheatern, riesigen Klüften im Plateau – gespickt mit Hoodoos. Tausende dieser Felsnadeln ragen aus dem Boden, als würden begrabene Riesen ihre knorpeligen Zeigefinger senkrecht aus der Erde bohren. Groteske, zum Teil filigrane Kunstwerke der Erdgeschichte, die Wind, Regen, Stürme, Erosion und Eiszeiten in Jahrmillionen erschaffen haben. Rot, dunkelgelb, orange- und ockerfarben schillern die Felsspargel im schrägen Licht.

1875 kam der Namensvater Ebenezer Bryce hier entlang, ein verwegener Zimmermann, der sich den viehtreibenden Pionieren angeschlossen hatte, um diese wilde, labyrinthische Gegend zu erschließen. Als Bryce das erste Mal auf die obskure Felswelt starrte, kommentierte er lapidar: „A hell of a place to lose a cow." Ein verflucht guter Ort, um eine Kuh zu verlieren.

Bryce Canyon ist einer der ungewöhnlichsten Nationalparks der USA. Eine Schönheit in Stein. Manche der skurrilen Basalt- und Sandsteinfelsen gehören zu den meistfotografierten Naturphänomenen der Welt. Und die Menschen knipsen munter weiter. Sie stoppen an den Aussichtspunkten, Sunset Point, Farview oder Ponderosa. Und verharren. Oben bei Black Birch Canyon hilft ein japanischer Knirps seinem Vater, das Stativ zu tragen. Gleich dahinter Amerikaner, Deutsche, Franzosen, alle bewaffnet. Nur dass man im Wilden Westen heute keine Pistolen mehr trägt, sondern Videocams und Digicams.

Denn die meisten Besucher wollen vor allem das: bildschöne Trophäen – die Hoodoos, zigtausendfach gebannt auf Videos und Fotos. Diese phantastischen Felsnadeln, in glutroter Pracht.

Doch an diesem Julitag haben die Leute oben in Bryce Pech. Es regnet, es ist kühl, das Wetter kann hier oben jederzeit umschlagen. Müde ragen die Felsspitzen aus einem grauen Schleier hervor, von Dunst umhüllt. Auch schön, aber nicht der Farbenflash, auf den alle gehofft haben. Der Moment des perfekten Lichts, er ist eben nicht jedem vergönnt.

Von enttäuschtem Gezeter sollte man jetzt allerdings tunlichst absehen. Denn eines wussten schon die alten Paiute-Indianer. Die legendären Felstürme sind in Wahrheit nichts anderes als Menschen, von den verärgerten Göttern in Stein verwandelt.

MERIAN | TIPP Bryce Canyon

Bundesstaat
Utah

Art des Gebiets
Nationalpark

Entfernung von Las Vegas
400 Kilometer, rund viereinhalb Stunden mit dem Auto

Eintritt
25 Dollar pro Fahrzeug

Aktivitäten
Beliebt sind Wandertouren auf ausgewiesenen Routen ins Tal hinein, wo man auch den Hoodoo-Felsen ganz nahe kommen kann. Informationen zu Wanderungen sowie Karten bekommt man in den Visitor Centers an den Parkeingängen.
Angeboten werden auch Reittouren, Mountainbiken, Quad-Fahren, Foto-Workshops in freier Natur unter der Leitung von professionellen Fotografen.

Infos, Tourangebote, Tipps, Adressen
www.brycecanyoncountry.com
www.nps.gov/brca

Spezielle Informationen zu Wanderungen unter
www.utah-trails.com

Museum
Eine skurrile Ausstellung ausgestopfter einheimischer Tierarten ist zu sehen im Paunsaugunt Wildlife Museum.
Tel. (435) 834-55 55
www.brycecanyonwildlifemuseum.com

Unterkunft
Am Parkeingang liegt das Hotel „Best Western Ruby's Inn" mit 370 Zimmern, Restaurant, Kaminzimmer und Pool.
Tel. (435) 834-5341
www.rubysinn.com

Nächste Ausfahrt Wildnis

Wer nach dem Getöse von Vegas Ruhe sucht, muss sich nur kurz ins Auto setzen. Dreißig Minuten Fahrt, und man fühlt sich wie auf dem Mars

Es ist sechs Uhr morgens, über der Mojavewüste geht die Sonne auf, ein gelber, träger Feuerball. Noch ist Las Vegas in der Ferne zu sehen, die Silhouette einer grotesken Spielzeugstadt, wie dahingeschleudert in eine ausladende, brennende Wüstenpfanne. Eine halbe Stunde dauert die Fahrt aus der Stadt gen Westen. Vorbei an Burgerläden, Leuchtreklamen und blinkenden Motels. Dann, nach 15 Meilen, ragen auf einmal Gipfelzacken empor, Bergkanten, pockennarbige Geröllhänge wie die Rücken schlafender Dinosaurier. Eine Marswelt tut sich auf. Ein Land wie ein rotes, ausgedörrtes Gerippe.

Knapp hinter Las Vegas beginnt die Wildnis. Red Rock Canyon ist der nächstgelegene Fluchtpunkt, den alle jene ansteuern können, die genug haben vom ewigen Gebimmel der Slotmachines und Pokerautomaten. Ein 800 Quadratkilometer großes Naturschutzgebiet voller Schluchten, Felsnadeln und glühender Bergflanken. Ein Terrain, in dem Millionen Jahre alte Sandsteintürme stehen wie die Skulpturen eines Urkünstlers. Statt flauschiger Casinoteppiche nun staubtrockene Erde, in der dornige Feigenkakteen wachsen, Klapperschlangen und Skorpione kriechen.

Von der Blue Diamond Road biegt eine 21 Kilometer lange Straße ab, die im großen Bogen durch den Canyon führt. Über 300 Meter zieht sich die Route die Hänge hinauf, und spätestens bei Calico Hills ist nichts mehr vom bunten Las Vegas zu sehen. Stattdessen: grauer Kalkstein aus dem Paläozoikum, versteinerte Dünen des hellroten Sandsteins aus dem Jura, von eisenroten Spuren durchzogene geologische Formationen – Wind und Erosion haben hier draußen Wunderwerke erschaffen.

Bei Ice Box Canyon kommt plötzlich Doreen um die Ecke geprescht, 36, Bankangestellte aus Vegas, knallenge Radhose, Träger-Shirt. Auf ihrer Nase sitzt eine vollverspiegelte Sonnenbrille, auf dem Kopf ein grafitgrauer Sturzhelm. Schlank wie ein Gartenschlauch sitzt sie auf ihrem Rad. Der Red Rock Canyon sei das Outdoor-Dorado für die Bewohner von Vegas, sagt sie. Dreimal die Woche kommt sie hier hoch, um frühmorgens ihre 30 Kilometer abzustrampeln, Berg hoch, Berg runter. „Im Sommer solltest du die Mittagshitze meiden“, fügt sie noch hinzu und winkt mit der Wasserflasche, als sie wieder losradelt. Dieses moderne Wüstenkind.

Es ist Ende Juli, es ist die heißeste Zeit des Jahres. Ein paar wenige Arten ausgedörrter Büsche, Kakteen harren der brutalen Temperaturen. Pflanzen wie hölzerne Skelette, die Jahre ohne Regen, ohne einen Tropfen Wasser auskommen. Genügsamer sind nur noch die Steine. Und dann, es ist neun Uhr morgens, und wie sollte es in Amerikas Westen anders sein, füllt plötzlich das tiefe Blubbern zweier Harleymotoren die Urwelt. Pete und Jason sitzen, nein, liegen auf ihren silbrigen Choppern, die Beine schräg nach vorn gestreckt, sie parken ihre Vehikel an einem der Aussichtspunkte, streichen ihre langen, öligen Haare zurecht. Und blicken sich um. „Awesome, man! Awesome!“ Ehrfurchtgebietend diese Gegend, so ihr Kommentar. Dabei müssten sie nicht nur staunen. Sie könnten sich auf über 2000 Kletterrouten ihre Kilos von den Leibern arbeiten, denn immerhin, der Red Rock Canyon gehört zu den besten Kletterspots der USA. Die beiden könnten Steilwände emporklettern oder die seichtere Variante wählen und einen der Wanderwege in Angriff nehmen, die sich bei Pine Creek oder Willow Springs in die schattenlose Glut schlängeln. Wege, die von leicht bis schwer eingestuft sind. Wobei schwer hier bedeutet, dass man sehr fit sein sollte und angehalten ist, einen Liter Wasser pro Stunde zu trinken.

Aber Pete und Jason haben anderes im Sinn. Sie kommen aus L. A., und jetzt wollen sie nur kurz eine Pause einlegen. Diese grandiose Natur ihres Amerikas genießen und dabei ein, zwei Colas zischen. Dann wollen sie weiter, ein paar Meilen nur noch, und spätestens um Highnoon frisch gestylt vor dem ersten Pokertisch sitzen. Hier draußen, in der Wüste des Westens, führen alle Straßen nach Vegas.

MERIAN | TIPP Red Rock

Bundesstaat
Nevada

Art des Gebiets
Nationales Naturschutzgebiet

Entfernung von Las Vegas
27 Kilometer, eine halbe Stunde mit dem Auto

Eintritt
5 Dollar pro Fahrzeug

Aktivitäten
Die meisten Besucher kommen als Tagesausflügler aus Las Vegas, fahren einmal den „Scenic Drive“, die Panoramastraße, im Auto ab und halten an den verschiedenen Aussichtsstellen. Darüber hinaus beliebt: Klettern und Wandern auf ausgewiesenen, teilweise wilden Routen.
Biker können sich Fahrräder mieten und den Canyon per Muskelkraft durchfahren.
Bei Interpretative Programs werden Touren mit Rangern angeboten, die Interessantes zur Geologie, Historie, Flora und Fauna der Region berichten.
Infos und Touren über die Interpretive Association, Tel. (702) 515-53 67
Klettergenehmigungen (Climbing Permits) unter Tel. (702) 515-50 50

Infos
www.redrockcanyonlv.org
www.nv.blm.gov/redrockcanyon

Als Outdoor-Spielplatz von Las Vegas gilt der nahegelegene Red Rock Canyon. Der „Running Man“, eine der anspruchsvollsten Kletterrouten, ist natürlich nur etwas für Profis

Foto: Reinhard van Dierendonck

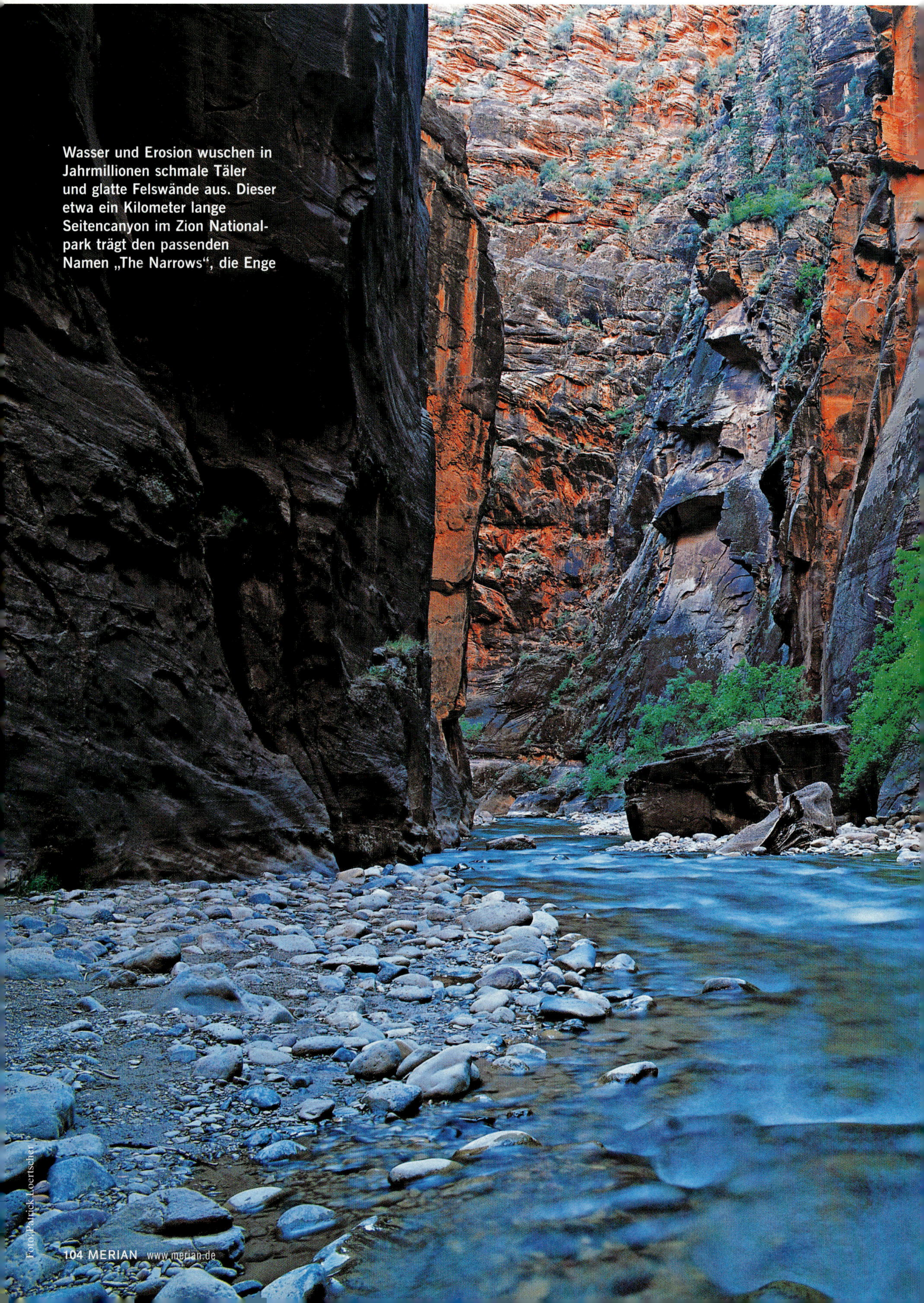

Wasser und Erosion wuschen in Jahrmillionen schmale Täler und glatte Felswände aus. Dieser etwa ein Kilometer lange Seitencanyon im Zion Nationalpark trägt den passenden Namen „The Narrows“, die Enge

Foto: Patrick Loertscher

Wo die Felsen weinen

In Zion steht man nicht über den Dingen, sondern mitten in der Schlucht. Die Felsen ringsum sind imposant, mancher Besucher wird bei ihrem Anblick sprachlos. Vielleicht zieht es deshalb so viele Landschaftsmaler hierher

Als wäre es Softeis aus Stein, so wirken diese von Wind und Wasser modellierten Felsen am Mount Carmel Highway

Foto: Markus Tischler

Nachdem er Zion Canyon gesehen hatte, die Gipfel der Drei Patriarchen und die Klippen der Virgin-Hänge, kamen dem Geologen Henry Gannett große Worte über die Lippen. Er sagte: „Wenn du alt bist, komm unbedingt hierher. Wenn du aber noch jung bist, warte. Es ist nicht gut, deine Fähigkeit zur Freude zu früh auszuschöpfen, indem du dir gleich das Beste ansiehst."

Und was Geologe Gannett für das Beste hielt, was die Natur zu bieten hat, sieht so aus: monströse Steilwände, senkrecht gen Himmel gierend, von Flüssen spiegelglatt gewaschene Felsschneisen, hellgrüne Pools, in die sich kalte, klare Wasserfälle ergießen, Gesteinsschichten, die sich in prismatischen Rötungen und fast linealgerade Tausende von Metern durch die Wüste ziehen, Agaven, Kakteen. Zion Canyon National Park: eine Mixtur aus Schroffheit und Schönheit. Eine Schlucht, so gewaltig, als hätte die Faust Gottes zugeschlagen.

Familie Slater aus Kalifornien kennt den Rat des Geologen Gannett entweder nicht, oder sie gibt nichts drauf. Die Eltern haben einen großen Buggy gemietet und flitzen zusammen mit ihren drei Kindern quietschvergnügt über die Straße, die sich mitten durch diese Wunderwelt zieht. Und die Kinder schöpfen ihr Potential zur Freude reichlich aus, ihre Arme ständig gen Himmel ausfahrend: „Guck mal da oben! Oh, hast du das gesehen? Hey, da fliegt ein Adler!"

Papi Slater hat weitsichtig geplant und den offenen Buggy gut gewählt. Denn nur mit freier Sicht nach oben kann man diese Schlucht optimal genießen. Anders als bei den meisten Canyons steht der Besucher nämlich nicht an der Kante und blickt hinab. Er fährt unten durch die Talsohle – und blickt hinauf! Vor den Augen der Slater-Family tun sich große Szenarien auf. Rostrote Skulpturen aus Stein wachsen zur Sonne empor, dahinter mächtige Felswände, die höher, immer höher hinaufragen. Aus 1100 Meter blickt man auf bis zu 2660 Meter hohe Gipfel und Steinformationen, die einen umgeben wie die Ränder eines gigantischen Kochtopfs. Horse Ranch Mountain. Gregory Butte. Tabernacle Dome. Zion, Name eines Jerusalemer Hügels, der auch für die Stadt selbst steht, bezeichnet in diesem Fall eine überdimensionale Schneise in der Haut der Erde. Ein verwinkeltes, steinernes Grenzgebiet, in dem Wüsten-Beifuß, Stechäpfel und verkrüppelter Wacholder gedeihen, im Süden die Mojave-Wüste, im Nordwesten das Colorado-Plateau.

Zwei Stätten wollen alle sehen, die hierherkommen: „Weeping Rock" und „Wall Street". Und beide Namen sind wörtlich zu nehmen, denn tatsächlich gibt es einen Canyon, dessen „Walls", Wände, sich immer näher kommen und den staunenden Wanderer regelrecht umschließen. Die steilen Hänge scheinen in Falten zu liegen, wie zwei Vorhänge, die links und rechts auf einen zukommen. Die Flucht wird schließlich zum Nadelöhr, hier legen alle den Kopf in den Nacken und sind begeistert: Schmal wie ein Toasterschlitz schießt die Schlucht am Ende des Korridors empor – ganz oben nur noch ein dünner blauer Streifen Himmel.

Weiter im Süden schließlich „Weeping Rock", und der Fels hier scheint wirklich zu weinen. In dicken Tropfen rieselt Quellwasser, das sich in Jahrhunderten durch den Sandstein gearbeitet hat, hoch oben über eine Steinkante, Tropfen wie dicke Tränen, und das Platschen hallt wie hohles Gejammer durch die heiße und mucksmäuschenstille Urwelt. Bilder, Eindrücke, die schon viele Landschaftskünstler dazu getrieben haben, den Pinsel zu schwingen.

Menschen wie Kate Starling, die Geologie studiert hat, drei Jahre als Ranger in Zion Canyon arbeitete – anschließend Malerin wurde und heute Ausstellungen überall in den USA hat. Starling ist nicht einfach zu erreichen, weil sie mit ihrer Staffelei meistens irgendwo weit draußen steht und die Wildnis in Ölfarben festhält.

Wolkenbilder, Steinbilder, Himmelbilder. Halb realistisch, halb impressionistisch malt die Künstlerin, sie tut das seit 1988, und immer wieder Zion. Warum, erklärt die Amerikanerin, als man sie endlich mal über Handy erwischt, mit diesen Worten: „Als ich das erste Mal nach Zion kam, brach mein Herz aus. Die Natur besitzt hier eine besondere Intimität, es ist eine rare Kombination aus Nähe und Ferne, aus Enge und Weitsicht. Genau das versuche ich einzufangen."

Starlings Stimme wird von einem Rauschen überdeckt. Da, wo sie gerade ist, scheint der Empfang nicht besonders gut zu sein. Dann bricht die Verbindung ab. Im Westen hängen die Felsflanken wie majestätische Wände vom Firmament herab, grenadinerot angemalt, dahinter in allen erdenklichen Rottönen ausfächernd. Pompöse Gipfelzacken trotzen wie massive Göttervisagen über der Kulisse, North Guardian Angel, der Kolob-Bogen, die Kanten vom Smith-Mesa-Massiv. Dies ist Natur im Großformat.

Irgendwo da draußen steht jetzt Kate Starling vor ihrer Staffelei und malt. Versucht die Dimensionen einzufangen, die Stimmung, ihr Herz. Starling muss eine mutige Frau sein. Oder größenwahnsinnig.

MERIAN | TIPP Zion Canyon

Bundesstaat
Utah

Art des Gebiets
Nationalpark

Entfernung von Las Vegas
260 Kilometer, rund zweieinhalb Stunden mit dem Auto

Eintritt
25 Dollar pro Fahrzeug

Aktivitäten
Canyoning, Trekking oder so genanntes River Tubing: In einem großen Reifen sitzend flitzen Wasserratten den Virgin River runter. Wer länger und weiter wandern will, sollte sich bei den Rangern Permit (Erlaubnis) und Karten holen. Dann kann man mehrere Tage das Hinterland erkunden.
Zion ist zudem ein Kletter-Dorado, wo Kurse für Anfänger angeboten werden, aber auch Fortgeschrittene auf ihre Kosten kommen. Radler (mit guter Kondition) können sich Mountainbikes mieten.
Angebote bei der Zion Adventure Company, Tel. (435) 772-09 90
www.zionadventures.com

Kunst
Wer die Bilder von Kate Starling und anderen Künstlern sehen oder kaufen will, findet Angebote in der Worthington Gallery in Springdale
Tel. (435) 772-3446
www.worthingtongallery.com

Weitere Infos
www.zionpark.com
www.nps.gov/zion

Wassersport in der Wüste: Lake Mead bietet Erquickung und je nach Bedarf Ruhe oder Action

Ausflug ins Blaue

Nach den einhändigen Banditen die Abkühlung. In der Hitze der Wüste liegt der Stausee Lake Mead. Das größte künstliche Gewässer in den USA

Manche Dinge lernt man erst durch ihr Ausbleiben schätzen. Dadurch, dass sie weit und breit nicht mal zu erahnen sind. In diesem Fall: Wasser. Zwanzig Minuten hinter Henderson, diesem trostlosen Vorort von Vegas, schnürt sich einem die Kehle zusammen. Rundumblick: 360 Grad nichts als verbrannte Erde. Die Hitze kommt von oben, von unten, von allen Seiten. Natürliche Erfrischung, eine Spur von Nass – Fehlanzeige. Juli. Hochsommer. Die Wüste gibt alles. Man will zurück ins Auto und vor dem Erfinder der Klimaanlage auf die Knie gehen.

Es ist eine Gegend Nevadas, wo sie in den Zeitungen Tipps abdrucken, wie man Temperaturen von über fünfzig Grad im Schatten überlebt. „Finding ways to beat the heat", lauten die Schlagzeilen in den *Boulder City News* an diesem Julitag. Nachts kriecht hier „Tarantula" aus dem Boden, jene faustgroße, behaarte Vogelspinne, die schon für legendäre Horrorfilme Pate stand. Eine Ecke der Vereinigten Staaten, wo sie Spaßwettbewerbe darin veranstalten, wer auf den Kühlerhauben der Chevys und Pontiacs die schönsten Spiegeleier brät.

Fahrt durch die Prärie. Kein Baum. Kein Strauch. So in etwa muss es auf den Planeten aussehen, die in nächster Nähe um die Sonne kreisen. Doch plötzlich, wie eine Fata Morgana, erscheint ein zarter silberner Streifen in der Ferne, der sich am Fuß der Berge entlangzieht. Mit jeder Meile gen Osten wird der Streifen größer, breiter. Der Streifen wird blau. Dann hellgrün. Und dann kommt man einem der irrsten Projekte der Landschaftsumgestaltung ganz nah: Lake Mead. Dem größten künstlich angelegten See der Vereinigten Staaten.

Eine zart gekräuselte Wasserfläche tut sich auf. Ein See, frisch und klar, mit sauberem, 28 Grad warmem Süßwasser gefüllt, umsäumt von Stränden und Klippen. Dann breitet sich der See in ganzer Pracht vor der Windschutzscheibe aus. Der gigantischste Pool östlich von Vegas. Ein riesiges, spüligrünes Plantschbecken in der Dürre. Wasser!

Schon 1936 lief Lake Mead voll. Ein Stausee, gespeist von den Fluten des Colorado River, gebändigt vom gewaltigen Hooverdamm. Das kühle Wasser des Colorados staute sich, stieg und stieg und füllte bald ein monströses Erdbecken aus, das zwischen den

Beliebt bei Familien sind Hausboot-Touren über den See. Tagsüber schippern, abends Landgang

Sandsteinfelsen und Schluchten der umliegenden Canyons klaffte. Heute schwappen 35 Milliarden Kubikmeter Wasser zwischen den Steinen, auf einer Fläche von 650 Quadratkilometern, größer als der Bodensee. Der See ist 170 Kilometer lang, bis 150 Meter tief, für den Bau des Staudamms mussten mehrere Gemeinden weichen.

Als Trinkwasserspeicher sollten die Wassermassen ganz Südkalifornien versorgen. Und auch waren es die neuen Wasserkraftwerke am See, die so viel Strom erzeugten, dass das nahe gelegene, energieverschlingende Monster Las Vegas erst zu dem werden konnte, was es heute ist.

Lake Mead: ein See wie eine Anmaßung. Und ein gewagtes Spiel mit den Kräften der Natur. Um die Fluten im Zaum zu halten, musste eines der gewaltigsten Bauwerke der USA errichtet werden. Die Hoover-Staumauer, eine Wand aus zweieinhalb Millionen Kubikmeter Beton. Genug, um eine fünf Meter breite Autobahn von Los Angeles nach New York zu pflastern. Die Mauer ist 220 Meter hoch. Oben 14, am unteren Sockel 201 Meter dick. Der Hooverdamm ist eines der meistgesicherten Ziele in den USA. Würden Terroristen ihn sprengen, die Wassermassen würden alle dahinterliegenden Orte bis hinein nach Kalifornien mit sich reißen.

„Der Damm ist Hochsicherheitszone“, sagt Mike „Bump“ Elliott. „Hinter die Sperrbojen zu fahren ist darum auch keine gute Idee. Kameras Tag und Nacht.“ Elliott, 54, lebt seit mehreren Jahren im Südwesten, liebt das Land und vor allem Lake Mead. Er vermietet Boote hier, organisiert alles, was auf dem Wasser geht. Ferien in Hausbooten, Wettangeln oben im Virgin Basin oder im Overton Arm.

Längst ist der in drei Himmelsrichtungen ausufernde See Vergnügungszone. „Sie kommen aus Kalifornien, Nevada, Arizona“, sagt Elliott mit seinem roten, runden Gesicht. Und manche bleiben gleich mehrere Wochen. An guten Tagen tummeln sich Jetskis, Motorboote, Wasserskifahrer und Wohnschiffe, so groß wie Zweifamilienhäuser, auf den vom heißen Wind gestreichelten Wellen. Die hitzegequälten Wüstenbewohner springen von den Klippen, dösen auf Luftmatratzen und steuern die schier unzähligen Buchten an. Winzige Fjorde schneiden sich in die Felsen, weshalb die Ufer von oben aussehen wie eine ausgefranste Lederweste.

Das kolossale Nass dehnt sich aus wie ein verwinkeltes Meer. Und ist wie Amerika: groß. „Voll wird es hier nie“, sagt Elliott und führt sich ein dreigeschossiges Truthahnsandwich an die Lippen. Es ist mittags, Elliott dümpelt in einem seiner Motorboote auf dem beinahe platten Wasser, weit draußen. Pause machen. Die Weite genießen, die Stille, die Brise.

Blick nach oben. Eine maßlose, gleißende Bläue spannt sich über dem See. Keine Wolke. Kein Anzeichen eines einzigen Schleiers. Seit zwei Jahren, erzählt man, hat es hier kaum mehr geregnet. Der grünblaue Lake Mead liegt in der Wüste wie ein Trugbild. Wie der große Schrei nach Wasser. □

MERIAN | TIPP Lake Mead

Bundesstaat
Nevada

Art des Gebiets
Nationales Erholungsgebiet

Entfernung von Las Vegas
50 Kilometer bis zum Alan Bible Visitor Center, 30 Minuten mit dem Auto

Eintritt
5 Dollar pro Fahrzeug

Aktivitäten
Am See gibt es viele Wassersportmöglichkeiten. Beliebt sind Ferien auf Hausbooten, auf denen zwei bis vier Familien Platz finden. Die Boote können einen Tag oder beliebig länger gemietet werden. Für Kurztrips und Tagestouren sind auch Motorboote und Jetskis zu mieten.
Infos und Buchungen unter:
www.callvillebay.com
Kosten bei Callville Bay Marina:
- Angelboote 125 Dollar für 4 Std.
- 250-PS-Powerboote 350 Dollar/Tag
- Jetskis (Personal Watercrafts) 75 Dollar pro Stunde
- Hausboote ab 1000 Dollar pro Wochenende (3 Tage)

An vielen Marinas können auch Segelboote und Mountainbikes gemietet werden. Der See ist an sieben Stellen gut zugänglich, wo jeweils Resorts und kleine Häfen liegen wie der Las Vegas Boat Harbor im Westen, die Overton Beach Resort Marina im Norden oder Calville Bay im Nordwesten. Karten, Adressen und Infomaterial gibt es am Eingang zum Park.

Im August 2002 wurde im Lake Mead eine B-29 „Superfortress“ gefunden. Über 50 Jahre zuvor war einer jener Bomber, die in Japan die Atombomben abwarfen, südlich von Cathedral Cove in den Lake Mead gestürzt. Die Maschine liegt in gut 100 Meter Tiefe und ist nur von Tech-Divern zu betauchen. Genehmigungen vom National Park Service (NPS) sind vorher einzuholen.

Unterkunft
Gleich südlich des Sees liegt das kleine Boulder City. Im „Boulder Dam Hotel“ von 1933 wohnt man in gemütlicher, fast familiärer Atmosphäre. In der Lobby steht ein Klavier, direkt nebenan eine kleine Bar. Gute Basis, um auch den nahen Hooverdamm zu besichtigen. DZ ab 69 Dollar.
www.boulderdamhotel.com

Weitere Infos
www.nps.gov/lame
www.lakemeadguide.com

Wenn Neugier und innovatives Denken
mit einer Auszeichnung belohnt werden ...
... dann muss es live! sein!
WELTWEIT GRÖSSTE 1. PLATZ ITB BuchAward 2004 Kompakte Reiseführer REISEMESSE
WELTWEIT GRÖSSTE 1. PLATZ ITB BuchAward 2005 Kompakte Reiseführer REISEMESSE
WELTWEIT GRÖSSTE 1. PLATZ ITB BuchAward 2006 Kompakte Reiseführer REISEMESSE
WELTWEIT GRÖSSTE 1. PLATZ ITB BuchAward Innovationspreis 2007 REISEMESSE
Doppelter Grund zur Freude: Der Innovationspreis 2007 der Internationalen Tourismus-Börse ITB in der Kategorie „Kompakte Reiseführer" geht an MERIAN *live!* – für die nützlichen und spannenden Neuerungen „herausnehmbarer Faltplan" und „MERIAN Quiz". Darüber freuen wir uns sehr. Und Sie können sich noch mehr auf Ihre nächste Reise freuen! Überall, wo es Bücher gibt. Mehr Informationen unter WWW.MERIAN.DE
MERIAN live!
Die Lust am Reisen
MERIAN live!
Berlin
EXTRA: Berlin-Lexikon
Hackesche Höfe – Wo Berlin sich amüsiert
• Galerien und Museen – Wo alte Meister und Junge Wilde sich begegnen
EXTRA MERIAN Quiz mit Gewinnspiel
NEU Stadtplan zum Herausnehmen

BILDNACHWEIS
Anordnung im Layout:
o = oben, u = unten, r = rechts, l = links, m = Mitte
Titel: Giovanni Simeone/Schapowalow/SIME; S.3 ol Michael Müller, or Philip Koschel, mr Marc Bielefeld, ur P. Koschel; S.6/7 o Siegfried Layda/Getty images; S. 6 m, u P. Koschel; S.7 m Patrick Loertscher, ul P. Koschel, ur Tomasz Rossa; S.8 o Cinetext, ul Hemispheres/LAIF, ur Reiner Riedler/Anzenberger; S.12 o Jed Jacobsohn/Getty images, m David Bassett, u George Steinmetz/Corbis; S.14/15,18-21,24/25,27 H.&D. Zielske; S.16/17 R. Riedler/Anzenberger; S.22/23 P. Koschel; S.26 Ken Schles/Getty images; S. 28-38 P. Koschel; S.30/31 T. Rossa; S.40/41 Planetobserver.com M-sat; S.42/43 Art Foxall/UPI/LAIF; S.44/45 Christian Heeb/LAIF; S.46/47 P. Loertscher; S.49 Peter Dozal/M.R.J. Architects; S.50 Angelo Cavalli/Picture Press; S.52-76 P. Koschel; S.73 Achenbach/Pacini; S.78/79 UNLV Special Collection; S.80 Bettmann/CORBIS; S.81 ul NYC Municipal Archives, ur Getty images/Handout; S.85 Lowell Georgia/Ag. Focus; S.86-88,90-93,96 H.&D. Zielske; S.89 Achenbach/Pacini; S.94 ul Ashkan Sahihi, ur Getty images; S.95 Achenbach/Pacini; S.98/99 P. Loertscher; S.100 Lukas Spoerl; S.101 Benoit Pesle/Anzenberger; S.103 Bernard van Dierendonck/LOOK; S.104/105 P. Loertscher; S.106 Markus Tischler; S.108/110 Peter Frischmuth/argus; S.113 Elan Fleisher/LOOK; S.114 or A. Sahihi, ml Gene Blevins/Corbis; S.115,116 o A. Sahihi; S.116 ul Las_Vegas_Stock/Superbild-incolor; S.117 o P. Koschel, u Franz Marc Frei, S.118 A. Sahihi; S.120 P. Koschel; S.126 u UNLV Special Collection; S.127/128 o Achenbach/Pacini; S.129 UNLV Special Collection; S.130 o Marc-Oliver Schulz, ml Reinhard Dirscherl/Bilderberg, m M.-O.Schulz, mr Anja Haegele.

Die Wüstenstadt Las Vegas im Lichterglanz: Giovanni Simeone fotografierte den Titel dieser MERIAN-Ausgabe

MERIAN

Heft 12/2007, Dezember, Erstverkaufstag dieser Ausgabe ist der 15. 11. 2007
MERIAN erscheint monatlich im Jahreszeiten Verlag GmbH, Poßmoorweg 2, 22301 Hamburg
Telefon 040/27 17-0 **Anschrift der Redaktion:** Postfach 601728, 22217 Hamburg
Telefon 040/27 17-26 00, Fax 040/27 17-26 28, E-Mail: redaktion@merian.de
Leser-und Aboservice: Postfach 601220, 22212 Hamburg, Tel. 040/87 97 35 40, Fax 040/27 17-20 79
Syndication: www.jalag-syndication.de
GourmetPictureGuide: Stefanie Lüken, Telefon 040/27 17-20 02, Fax 040/27 17-20 89, www.gourmetpictureguide.de
Internet: www.merian.de

Herausgeber: Manfred Bissinger
Chefredakteur: Andreas Hallaschka
Stellvertretender Chefredakteur: Hansjörg Falz
Art Directorin: Sabine Lehmann **Chefs vom Dienst:** Tibor M. Ridegh, Klaus Kube (freie Mitarbeit)
Redakteure: Roland Benn (freie Mitarbeit), Anja Haegele (freie Mitarbeit), Thorsten Kolle (freie Mitarbeit) Kathrin Sander, Charlotte von Saurma **Schlussredaktion:** Tibor M. Ridegh, Jasmin Wolf
Layout: Cornelia Böhling, Ingrid Koltermann (Schlussgrafik), Dorothee Schweizer (stellv. Art Directorin)
Bildredaktion: Hanni Rapp, Eva M. Ohms, Lars Lindemann (freie Mitarbeit)
Redakteur dieses Heftes: Thorsten Kolle **Bildredakteurin dieses Heftes:** Eva M. Ohms
Kartographie: Peter Münch **Dokumentation:** Jasmin Wolf, Ulrike Schimming (freie Mitarbeit), Sebastian Schulin (freie Mitarbeit), Andrea Wolf (freie Mitarbeit) **Mitarbeit:** Helmut Golinger, Constantin Härthe, Valeria Lautizi **Herstellung:** Karin Harder **Redaktionsassistenz:** Sabine Birnbach, Katrin Eggers
Geschäftsführung Premium Magazine: Peter Rensmann **Verlagsleitung Premium Magazine:** Oliver Voß
Group Head Anzeigen Premium Magazine: Roberto Sprengel **Anzeigenleitung:** Christel Janßen
Anzeigenstruktur: Patricia Hoffnauer **Marketing:** Kenny Machaczek, Ulrich Rieger, Sonja Wünkhaus
Vertriebsleitung: Jörg-Michael Westerkamp (Zeitschriftenhandel), Frank H. Häger (Buchhandel)
Verantwortlich für den redaktionellen Inhalt: Andreas Hallaschka
Verantwortlich für Anzeigen: Roberto Sprengel

Verlagsbüros Inland:
Hamburg: Tel. 040/27 17-25 95, Fax -25 20, E-Mail: vb-hamburg@jalag.de
Berlin + Hannover: Tel. 0511/85 61 42-0, Fax -19, E-Mail: vb-hannover@jalag.de
Düsseldorf: Tel. 0211/901 90-0, Fax -19, E-Mail: vb-duesseldorf@jalag.de
Frankfurt: Tel. 069/97 06 11-0, Fax -44, E-Mail: vb-frankfurt@jalag.de
Stuttgart: Tel. 07 11/966 66-520, Fax -22, E-Mail: vb-stuttgart@jalag.de
München: Tel. 089/99 73 89-30, Fax -44, E-Mail: vb-muenchen@jalag.de

Repräsentanzen Ausland:
Basel: Intermag AG, Tel. +41 61/275 46-09, Fax -10, E-Mail: info@intermag.ch
London: The Powers Turner Group, Tel. +44 20/7630 99 66, Fax 76 30 99 22, E-Mail: cweiss@publicitas.com
Mailand: Media & Service International Srl, Tel. +39 02/48 00 61 93, Fax 48 19 32 74, E-Mail: info@it-mediaservice.com
Paris: International Magazine Company, Tel. +331/53 64 88 91, Fax 45 00 25 81, E-Mail: imc@international.fr
Madrid: Alcála Media International Media Representation, Tel. +34 91/326 91 06, Fax -07, E-Mail: alcalamedia@retemail.es
Wien: Publimedia Internationale Verlagsvertretungen GmbH, Tel. +431/215 30, Fax 212 16 02
E-Mail: ppn-vienna@publicitas.com
New York: The Russell Group Ltd., Tel. +1 212/213 11-55, Fax -60, E-Mail: info@russellgroupltd.com

Die Premium Magazin Gruppe im Jahreszeiten Verlag

A&W Architektur&Wohnen COUNTRY DER FEINSCHMECKER WEIN Gourmet MERIAN

Gültige Anzeigenpreisliste: Nr. 39

Preis im Abonnement im Inland monatlich 6,37 € inklusive Zustellung frei Haus. Der Bezugspreis enthält 7% Mehrwertsteuer. Auslandspreise auf Nachfrage. Postgirokonto Hamburg 132 584 201 (BLZ 200 100 20)
Commerzbank AG, Hamburg, Konto-Nr. 611657800 (BLZ 200 400 00)
Führen in Lesemappen nur mit Genehmigung des Verlages. Printed in Germany

Weitere Titel im Jahreszeiten Verlag: Für Sie, petra, vital, PRINZ, A&W Architektur & Wohnen, COUNTRY, DER FEINSCHMECKER, WEINGourmet, schöner reisen, Zuhause Wohnen, selber machen
Litho: Alphabeta Druckformdienst GmbH, Hamburg. Druck und Verarbeitung: heckel GmbH, Nürnberg, ISBN: 978-3-8342-0712-8, ISSN 0026-0029 MERIAN (USPS No. 011-458) is published monthly. The subscription price for the USA is $ 110 per annum. K.O.P.: German Language Publications, Inc., 153 South Dean Street, Englewood NJ 07631. Periodicals postage is paid at Englewood NJ 07631, and at additional mailing offices. Postmaster: send address changes to: MERIAN, German Language Publications, Inc. 153 South Dean Street, Englewood NJ 07631.

JAHRES ZEITEN VERLAG
Ein Unternehmen der GANSKE VERLAGSGRUPPE

100 JAHRE GANSKE VERLAGSGRUPPE

TEXTE **Jürgen Kalwa** REDAKTIONSSCHLUSS **Oktober 2007**

MERIAN

TOPTIPPS Was Sie in Las Vegas nicht versäumen dürfen:

Casino-Hopping Egal, ob man Geld riskieren möchte oder nicht: Der Besuch der riesigen Casinos am Strip ist ein Vergnügen. Da die Distanzen jedoch enorm sind, nimmt man die Bahn Monorail – von 7 bis 2 oder 3 Uhr nachts.

Glücksspielunterricht Casinos verdienen nur dann, wenn die Besucher auch spielen. Aber Karten und Würfel nehmen nur jene in die Hand, die wissen, wie's funktioniert. Viele Glücksspielpaläste bieten eine kostenlose Einführungslektion. Die besten Kritiken bekommt das „Excalibur".

Shopping im „Forum" Im heruntergekühlten Ambiente und gedimmten Licht geht man im „Caesar's Palace Forum" auf Einkaufstour: 150 Shops laden zum Bummel ein, damit niemand schlapp macht, stärkt man sich zwischendurch in einem der 16 Restaurants.

Le Rêve Abends bietet Las Vegas Showtime im großen Stil. Das abwechslungsreichste Entertainment zeigt der Cirque du Soleil mit fünf Programmen. Spektakulär ist auch „Le Rêve" im Wynn – Zirkus-Artistik im Wasserbecken.

Hoover-Damm Der Staudamm, der die Wasserversorgung von Las Vegas sichert, gilt als eines der Weltwunder des Industriezeitalters. Der aufgestaute Lake Mead ist der attraktivste Freizeitpark der Region.

Siegfried & Roy's Secret Garden and Dolphin Habitat Hier haben die beiden Magier aus Deutschland ihre weißen Tiger und Löwen untergebracht, die einst in ihrer Bühnenshow die herausragende Attraktion waren.

Turbo-Hochzeit Man muss nicht gleich den Bund fürs Leben schließen, um sich am Schauspiel der schnellen Heirat im kitschbeladenen Rahmen zu begeistern. Zuschauen geht auch. Zum Beispiel in der Little Church of the West (4617 Las Vegas Boulevard). Anders als viele andere am Strip steht das Gebäude unter Denkmalschutz.

Achterbahn im „New York New York" Die rasante Fahrt beginnt in 60 Meter Höhe und führt mit mehr als 100 Stundenkilometern Spitzengeschwindigkeit durch die nachgebaute Wolkenkratzerwelt von Manhattan – und um sie herum.

Essen gehen Keine Stadt hat mehr erstklassige Gourmetrestaurants. Unsere Empfehlung: das „Sensi" im Bellagio. Der deutsche Küchenchef Martin Heierling begeistert mit gewagter Fusion Cuisine.

Die Wüste lebt Die karge Wüste Nevadas wird im Springs Preserve lebendig. Auf Wanderpfaden durch Freiluftanlagen lassen sich Pflanzen- und Tierwelt erleben. Ein Tipp besonders für Familien mit Kindern.

Die an die Brüder Montgolfier erinnernde Heißluftballon-Kopie ist eines der Wahrzeichen des Hotels „Paris Las Vegas"

Foto: Elan Fleisher

MERIAN | VERANSTALTUNGEN

Sport & Sex

Rummel rund ums Jahr: Auf Autorennen folgen Boxkämpfe und die Verleihung der Porno-Oscars

Die Vegas-Vermarkter haben sich noch nie vor der Ausrichtung eines Spektakels gefürchtet – und sei es noch so absurd. Man denke nur an die Formel-1-Rennen Anfang der achtziger Jahre auf dem riesigen Parkplatz des „Caesars Palace“ oder an die Scrabble-Weltmeisterschaft von 2001 im „Venetian“. Andere Attraktionen kommen regelmäßig wieder – seien es Boxkämpfe in den klimatisierten Spezial-Arenen der Hotels wie dem „Mandalay Bay“ oder dem „MGM Grand“, die bis zu 10000 Zuschauer mobilisieren. Oder die Poker World Championship im „Rio“, die sich zu einem Klassiker entwickelt hat wie das National Finals Rodeo, das jeden Dezember im Thomas & Mack Center stattfindet.

Vollgas in Vegas: Beim Autorennen geht's mitten durch die City

Las Vegas ist ebenso Ausrichter von Top-Profi-Golfturnieren wie von Rennen der populärsten amerikanischen Automobilrennserie um den NASCAR Sprint Cup auf dem gut 130 000 Zuschauer fassenden Las Vegas Motor Speedway im Nordosten. Dort kann man seine Fahrkünste selbst testen: Der örtliche Ableger der Mario Andretti/Jeff Gordon Racing School bietet Fahrten am Steuer eines Rennwagens an.

Las Vegas ist nicht nur Ort großer Sportveranstaltungen, sondern auch Messehochburg. Von den 39 Millionen Besuchern, die pro Jahr in die Stadt strömen, gehen gut sechs Millionen auf das Konto von großen Messen, die überwiegend im Las Vegas Convention Center abgehalten werden. Am besten zur „Sin City“ passt wohl die Adult Entertainment Expo, eine Messe der Sexfilmindustrie. Die populärsten Pornodarsteller reisen an und werden mit AVN Awards, den Oscars der Branche, ausgezeichnet. Und sogar die Manager der Zirkustruppe Cirque du Soleil fühlen sich inspiriert, in den Showsälen ihre Einlagen mit einem Hauch von Nacktheit anzureichern. „Wir versuchen, die Grenze zwischen dem Massengeschmack und einem Entertainment zu überwinden, das sinnlich, lustig und sexy ist“, lautetet das Motto.

MUSEEN

(E 9) Atomic Testing Museum, Desert Research Institute
Das Forschungszentrum des amerikanischen Energieministeriums liegt keine 150 Kilometer von dem Gelände entfernt, auf dem seit den fünfziger Jahren zahlreiche Atomwaffenversuche stattfanden. Gezeigt werden skurrile Artefakte wie Uralt-Geigerzähler, aber auch Fotos und Filme, die das Zeitalter des Kalten Krieges dokumentieren.
755 East Flamingo Road
Tel. (702) 794-5161
www.atomictestingmusuem.org
Mo-Sa 9-17, So 13-17 Uhr
Eintritt 12 Dollar

(B 8) Guggenheim Hermitage
Die Vorliebe des amerikanischen Kunstpublikums für impressionistische Malerei und die frühe Moderne ist ungebrochen. Für die Eremitage in Sankt Petersburg und die Solomon R. Guggenheim-Stiftung in New York ein Grund mehr, Stücke aus ihren Sammlungen in Las Vegas zu zeigen – in einem Hotel, das u. a. auch einen Ableger von Madame Tussauds Wachsfigurenkabinett beherbergt. Das Museum wurde vom holländischen Architekten Rem Koolhaas entworfen.
3355 Las Vegas Boulevard South
Tel. (702) 414-2493
www.guggenheimlasvegas.org
Mo-So 9.30-19.30 Uhr, Tickets bis 17 Uhr
Eintritt: 15 Dollar

(G 11) Liberace Museum
Der Kitsch- und Pomp-Pianist war einer der Ersten, der das Bild von Las Vegas als überkandidelte Entertainment-Metropole prägte. Und das nicht nur auf der Bühne: Wie Wladziu Valentino Liberace (1919-87) residierte, kann man in diesem Museum nacherleben.
1775 East Tropicana Avenue
Tel. (702) 798-5595
www.liberace.org
Di-Sa 10-17, So 12-16 Uhr
Eintritt 12,50 Dollar

(F 1) Natural History Museum
Eine Privatinitiative, die vor allem Kindern die Naturgeschichte nahe bringen will. Die Ausstellungen vermitteln ein anschauliches Bild der Ökosysteme und Kulturen.
900 Las Vegas Boulevard North
Tel. (702) 384-3466
www.lvnhm.org
Mo-So 9-16 Uhr
Eintritt: 8 Dollar (Kinder 4 Dollar)

(A 1) Nevada State Museum
Angesichts der noch jungen Vergangenheit des Staates Nevada ist jeder Versuch, die Geschichte interessant zu beschreiben, eine besondere Leistung. Das Museum schafft es (zum Beispiel dort, wo es um den Gold- und Silberabbau geht und um die Geologie der Wüste). Es hat sehr viel Zuspruch. 2009 Umzug ins Springs Preserve (s. S. 116)
700 Twin Lakes Drive
Tel. (702) 486-5205
dmla.clan.lib.nv.us/docs/museums/lv/vegas.htm
Mo-So 9-17 Uhr (außer an Feiertagen), Eintritt: 4 Dollar

(F 1) Neon Museum (Boneyard)
Was vom schrägen Charme alter Casinohotels übrig blieb, kann man an diesem Sammelplatz mit seinen ausgedienten, glanzlosen Reklameschildern mit Tausenden und Abertausenden von Glühbirnen betrachten, der den etwas hochgestochenen

Die großen Lettern (L 3) beziehen sich auf die MERIAN-Karte auf Seite 123

Akrobaten und Achterbahn: Der Adventure Dome im „Circus Circus" ist ein riesiger überdachter Jahrmarkt

Namen Museum trägt.
am Ostende der Fremont Street Experience
Tel. (702) 387-6366
www.neonmuseum.org
Besichtigungstouren: Di-Fr 12 und 14 Uhr
Gebühr: 15 Dollar

(F 1) Old Las Vegas Mormon State Historic Park
Die ersten weißen Siedler, die im Tal Fuß fassen konnten, waren Mormonen, die aus dem Osten vertrieben worden waren. Sie kamen 1855 und errichteten ein Fort im Adobe-Stil am Las Vegas Creek, gaben aber wenige Jahre später die Siedlung wieder auf. Der Park nutzt Reste des Gebäudes als Besucherzentrum mit einer kleinen Ausstellung, die die Geschichte nacherzählt.
500 East Washington Avenue
Tel. (702) 486-3511
parks.nv.gov/olvmf.htm
Mo-So 8-16:30
Eintritt: 3 Dollar

SEHENSWERT

(A 9) Bellagio Conservatory & Botanical Gardens
Ein ausladender Pflanzengarten unter einer Glaskuppel mit Blumen, die in der Wüste nicht gedeihen: Orchideen, Hyazinthen und Lilien. Inmitten der hektischen und lauten Casinowelt ein Ort der Ruhe und Entspannung.
3600 Las Vegas Boulevard South
Tel. (702) 693-7111
www.bellagio.com

(A/B 9) Bellagio Fountains
Wenn das Laserlicht angeht (jeden Tag zwischen 15 und 24 Uhr, an Wochenenden ab 12 Uhr) und die Musik erklingt, wirkt die Wasser-Show auf dem drei Hektar großen künstlichen See vor dem Hotel besonders großartig. Manche Fontänen schießen bis zu 75 Meter in die Höhe. Bekannt aus den „Oceans 11-13"-Filmen mit George Clooney.
3600 Las Vegas Boulevard South
Tel. (702) 693-7111
www.bellagio.com

(B/C 6) Circus Circus
Der „Adventure Dome" (Ganztagspreis: 24,95 Dollar) ist einer der größten überdachten Freizeitparks Amerikas. Zu seinen Attraktionen gehören nicht nur Karussells, sondern auch eine Achterbahn, die sogar einen Doppel-Looping besitzt. Das Hotel bietet jeden Tag im Halb-Stunden-Takt eine kostenlose Show, bei der Zirkusartisten auftreten.
2880 Las Vegas Boulevard South
Tel. (702) 794-3939
www.adventuredome.com
Mo-So ab 9 Uhr. Wechselnde Schließungszeiten

Cirque du Soleil
Das besondere tänzerische und artistische Können der Truppe aus Quebec, die vor etwas mehr als 20 Jahren von einigen kanadischen Visionären gegründet worden ist, zeigt sich in Las Vegas von seiner vielfältigsten Seite. Gleich fünf Hotels bieten jeden Tag Show-Veranstaltungen, jede steht unter einem anderen Leitmotiv.
„O" im Bellagio (A/B 10, Adresse siehe „Über Nacht") ist auf das Thema Wasser zugeschnitten, was dem Hotel mit seinen Riesenfontänen und den Anleihen vom Comer See entspricht (ab 93,50 Dollar).
„Love" im Mirage (A 8, 3400 Las Vegas Boulevard South) entsprang der Freundschaft zwischen Cirque-Begründer Guy Laliberté und Beatles-Gitarrist George Harrison. Die Songs der Pilzköpfe wurden neu aufgenommen mit Hilfe des Originalproduzenten Sir George Martin. Auch der Deutsche Christian Garmatter (s. auch S. 28) ist unter den Tänzern (ab 69 Dollar).
„Mystère" im Treasure Island (B 8, Adresse siehe „Über Nacht") widmet sich den Mysterien der Weltkulturen und war die erste feste Installation der Truppe in einem Theater, dessen Bühne speziell für ihre Zwecke eingerichtet wurde (ab 60 Dollar).
„Zumanity" im New York New York Hotel & Casino (A/B 11) (3790 Las Vegas Blvd South):

MERIAN | TIPP

Für Ja-Sager

Die besten Adressen für Heiratswillige (siehe auch die Reportage auf S. 60):

The Little White Wedding Chapel
Hochzeit ab 50 $, Drive Through ab 40 $, Musik und Fotos ab 229 $, Leih-Brautkleid ab 200 $
1301 Las Vegas Boulevard South
Tel. (702) 382-5943
www.alittlewhitechapel.com
Öffnungszeiten: tgl. 24 Stunden

The Little Church of the West
Hochzeitsarrangements mit Blumen, Musik und Fotos ab 199 $
4617 Las Vegas Boulevard South
Tel. (702) 739-7971
www.littlechurchlv.com
Öffnungszeiten: tgl. 8-24 Uhr

Viva Las Vegas Weddings
Elvis-Hochzeit mit Limo-Service, Live-Gesang, Blumen, Fotos und Video ab 440 $, Themenhochzeiten von Austin Powers bis Flying Vampires ab 475 $ bis 1200 $.
1205 Las Vegas Boulevard South
Tel. (702) 384-0771
www.vivalasvegasweddings.com
Öffnungszeiten: tgl. 24 Stunden

Grüne Oase: der phantastische botanische Garten im „Bellagio"

Unter Haien: Hauptattraktion des Shark Reef ist ein gläserner Tunnel, in dem der Besucher den Meerestieren ganz nah ist

MERIAN | TIPP

Straßen-Highlight

Downtown geht der Blick nach oben: Die Fremont Street Experience ist ein Dach aus Bild und Sound

Es ist jeden Abend das gleiche: Die Casinos an der Fremont Street schalten für einen Moment ihre üppige Außenbeleuchtung ab, und zeitgleich geht die Sonne auf. Licht, Sound, Videos, Computeranimationen – am Himmel ist die Hölle los. Auf dem „größten Bildschirm der Welt", dem 457 Meter langen Tunneldach über der Fremont Street, zaubern 12,5 Millionen Leuchtdioden eine farbenfrohe Show der Superlative in die Röhre.
Es ist jeden Abend anders: mal ein Konzert der Rolling Stones, mal tanzende Showgirls, mal eine Science-Fiction-Revue mit Außerirdischen. Das Programm der Fremont Street Experience wechselt ständig. Der Clou: Das Spektakel ist kostenlos. Seit 1995 zieht die „Experience" Besucher nach Downtown. 70 Millionen Dollar kostete das Projekt, das 2004 noch einmal modernisiert worden ist. Investitionen, die nötig waren, hatte doch die traditionelle Stadtmitte an Attraktivität gegenüber dem „Strip" in den achtziger und neunziger Jahren eingebüßt.
Heute ist die Fremont Street wieder eine Vorzeigeadresse, und kaum ein Tourist lässt sich die Aufführungen entgehen. Die Macher freut es besonders, dass das Programm auch bei den Einheimischen ankommt. Während ein Las Vegan in seiner Freizeit so gut wie nie an den „Strip" geht, ist es für viele mittlerweile Tradition, das Wochenende mit der „Experience" einzuleiten. Und zu Silvester versammelt sich gar „tout Vegas" unter dem Riesenbildschirm, eine halbe Million Menschen begrüßt dann das Neue Jahr im ältesten Teil der Stadt.

„Glitter Gulch", die Glitzerschlucht, hat ein Dach bekommen

Um eine Inszenierung auf die Beine zu stellen, die dem Ambiente einen urbaneren Anstrich gibt, griffen die Regisseure auf das Cabaret-Thema zurück. Sinnlichkeit, Sexualität und Erotik gehören zum Vokabular dieser Show (ab 69 Dollar).
„KÀ" im MGM Grand (B 11/ (Adresse siehe „Über Nacht"): Eines der aufwändigsten Programme im Reigen von Cirque du Soleil kostete mehr als 160 Millionen Dollar. Die Akteure spielen eine Geschichte, die auf den athletischen und akrobatischen Fähigkeiten asiatischer Kampfsportler aufbaut. (ab 69 Dollar)
Tel. (702) 792-7777
www.cirquedusoleil.com

(B 8) Gondola
Eine Fahrt mit der Gondel durch das überdachte und heruntergekühlte Shopping-Venedig der Neuzeit (man kann auch einen Abstecher nach draußen machen) ist ein surreales Erlebnis. Besonders wenn der italienische Gondoliere nicht nur italienische Arien schmettert, sondern auch mal einen Sirtaki einstreut.
3355 Las Vegas Boulevard South, Tel. (702) 414-4908
www.venetian.com/gondola.aspx
Der Kanal ist mehr als zwei Kilometer lang
So-Do 10-23, Fr-Sa 10-24 Uhr
Preis pro Person: 15 Dollar

(A/B 11) The Roller Coaster at „New York New York"
Mit über 100 Stundenkilometern rast eine Achterbahn durch das Casinohotel, das Manhattan nachempfunden wurde, und drum herum.
Attraktion: der Blick vom höchsten Punkt auf den Strip (12,50 Dollar pro Person).
3790 Las Vegas Boulevard South, Tel. (702) 740-6969
www.nynyhotelcasino.com
So-Do 11-23 Uhr, Fr-Sa 10.30-24 Uhr

(A 13) Shark Reef
Man spaziert durch einen gläsernen Tunnel inmitten eines riesigen Aquariums mit Haien, Piranhas und Krokodilen. Die Wasserlandschaft ist von einer Größe und Qualität, die nur wenige Zoologische Gärten bieten können.
3950 Las Vegas Boulevard South
Tel. (702) 632-45 55
www.mandalaybay.com/entertainment/sharkreef.aspx
Mo-So 10-23 Uhr (Einlass bis 22 Uhr). Hinter den Kulissen: Mo-So 10-17.30 Uhr
Eintritt: 16 Dollar

(A 8) Siegfried & Roy's Secret Garden and Dolphin Habitat
Zu bestaunen sind Panther, Löwen, Leoparden und die weißen Tiger, durch die die beiden Magier aus Deutschland weltberühmt wurden, sowie das große Delfin-Habitat.
3400 Las Vegas Boulevard South, Tel. (702) 792-79 80
www.miragehabitat.com
Eintritt: 15 Dollar

(A 7) Springs Preserve
Neben einem botanischen Garten mit Wüstenpflanzen und Wanderpfaden gibt es in dieser neuen Freiluftanlage zwei Museen, die sich mit der Geschichte von Las Vegas und dem Leben in der Wüste beschäftigen. 2009 soll hier auch das Nevada State Museum untergebracht werden.
333 South Valley View Boulevard
Tel. (702) 822-7700
www.springspreserve.org
Mo-Do 10-18, Fr-So 10-20 Uhr
Eintritt: 18,95 Dollar

(B 7) **Fashion Show Mall**
Alle amerikanischen Kaufhäuser von Rang und Namen unter einem Dach: Nordstrom, Bloomingdale's, Macy's, Saks Fifth Avenue und Neiman Marcus.
3200 Las Vegas Boulevard South
Tel. (702) 693-5985
www.thefashionshow.com

(A 8) **Caesar's Palace Forum Shops**
Die beste Shopping-Mall auf dem Strip mit etwa 150 Läden. Das Caesar's hatte einst als erstes erkannt, dass es lohnt, exquisite Spezialgeschäfte direkt ins Hotel zu holen.

Kaufrausch: luxuriöses Shoppen in der Fashion Show Mall

Modedesigner wie Versace, Ann Taylor und Hugo Boss haben hier ebenso Dependancen wie Diesel, Guess und Banana Republic.
3500 Las Vegas Boulevard South
Tel. (702) 893-4800
www.simon.com

(B 10) **Dessert Passage / Miracle Mile Shops**
Aus dem Aladdin wurde das Planet Hollywood, aber ungeachtet dessen ist diese Einkaufspassage im Orient-Look und unter einem künstlichen Himmel weiterhin ein Erlebnis nicht nur für Shopping-Süchtige. Denn neben den 140 Läden lohnen 15 teilweise ausgezeichnete Restaurants den Besuch.
3663 Las Vegas Boulevard South
Tel. (702) 785-5555
www.miraclemileshopslv.com

(A 9) **Via Bellagio Shops**
Es mangelt nicht an großen Namen wie Giorgio Armani, Bottega Veneta, Chanel, Dior und Prada. Aber um hier einkaufen zu können, muss man bereits im Casino gewonnen haben.
3600 Las Vegas Boulevard South
Tel. (702) 693-7111
www.bellagio.com

Klassiker: „The Attic" pflegt den Stil vergangener Jahrzehnte

(B 14) **Las Vegas Outlet Center**
Es lohnt sich zu vergleichen. Nicht nur unter den 130 Geschäften im Shopping-Komplex, sondern mit der benachbarten Konkurrenz „Premium Outlets". Günstig für deutsche Touristen sind besonders Jeans und Sportartikel.
7400 Las Vegas Boulevard South
Tel. (702) 896-5599
www.premiumoutlets.com/centers

(C/D 2/3) **Las Vegas Premium Outlets**
Das etwas jüngere der beiden Outletzentren hält eine Mischung aus höherwertigen Marken bereit.
875 South Grand Central Parkway
Tel. (702) 474-7500
www.premiumoutlets.com/centers

MERIAN | TIPP

The Attic

Auch wer kein Ballkleid aus den vierziger Jahren braucht und sich nicht mit einem Radio-Toaster aus den Sechzigern ausrüsten möchte, sollte das „Attic" besuchen. Ein Besuch in dem liebevoll dekorierten Laden ist wie eine Zeitreise durch Amerika. Vergilbte Schwarzweiß-Fotos von Frank Sinatra neben hautengen, strassbesetzten weißen Polyester-Overalls, die Elvis getragen haben könnte.
Warnung I: Über den Treppenaufgang zum ersten Stock herrscht ein zänkischer Papagei (Tipp: er frisst gerne Erdnüsse).
Warnung II: Frauen, die bei einer Las-Vegas-Visite „nur mal ganz kurz" ins „Attic" schauen wollten, blieben oft tagelang vermisst.
(D 3) 1018 South Main St.
Tel. (702) 388 40 88
www.theatticlasvegas.com

MERIAN | TIPP

Leben wie die Piraten

Allabendlich kracht und blitzt und donnert es aus allen Kanonenrohren. In der Show „Sirens of TI" kämpfen verführerische Sirenen mit blutrünstigen Freibeutern. Und das auf einem originalgetreu nachgebauten Piratenschiff mitten am Strip. Auch im Inneren des „Treasure Island" ist alles im Stil klassischer Hollywood-Piratenfilme dekoriert.

(B 8) TI-Treasure Island Hotel and Casino

3300 Las Vegas Boulevard South
Tel. (702) 894-7111
www.treasureisland.com
$$$

(B 9) Bally's Las Vegas
Zentral gelegener Klassiker am Strip. Das Art-déco-angehauchte Hotel hat Anschluss an die Monorail-Bahn zum „MGM Grand". Aus manchen Zimmern hat man Blick auf das gegenüber gelegene „Bellagio" mit den berühmten tanzenden Wasserfontänen.
3645 Las Vegas Boulevard South
Tel. (702) 967-4111
www.ballyslasvegas.com $$

(A 9) Bellagio
Die kleine Stadt am Comer See stand Pate für eines der luxuriösesten Hotels am Strip. Neben den „Dancing Fountains" (die man von der Straße aus besser sieht als aus dem Hotelzimmer) sind die Kunstgalerie und das Gewächshaus einen Besuch wert.
3600 Las Vegas Boulevard South
Tel. (702) 693-7111
www.bellagio.com $$$

Piraten in Vegas: Die Show vor dem „Treasure Island" ist kostenlos

Preiskategorien

Alle Hotel-Adressen in diesem Info-Magazin sind MERIAN-Empfehlungen. Der Preis ist für ein Doppelzimmer.

$ 50 bis 120 Dollar
$$ 120 bis 200 Dollar
$$$ über 200 Dollar

(A/B 11) Excalibur
Walt Disney trifft auf König Arthur, das Ergebnis: Eine Ritterburg, die aussieht, als hätte Cinderella im LSD-Rausch mit ihrem Lego-Baukasten gespielt. Besonders junge Familien fühlen sich hier gut aufgehoben. Empfehlenswert sind die Casino-Kurse für Anfänger, die im „Excalibur" ausgezeichnet sind.
3850 Las Vegas Boulevard South
Tel. (702) 597-7777
www.excalibur.com $

(B 9) Flamingo Las Vegas Hotel and Casino
Las Vegas-Urgestein, 1946 gegründet vom Mafioso Bugsy Siegel (eine kleine Tafel, die etwas versteckt im Garten steht, erinnert an den zwielichtigen ersten Chef). In diesem Jahr wurde ein Gebäudeflügel aufwändig renoviert, die neuen Zimmer haben coolen Design-Chic, der ältere Teil des Hauses sieht dagegen so aus, als käme Bugsy gleich um die Ecke. Die Flamingo-Themen im schön gestalteten Außenbereich sind Pools, Brunnen und Lagunen.
3555 Las Vegas Boulevard South
Tel. (702) 733-3111
www.flamingolasvegas.com
$$

(D 10) Hard Rock Hotel and Casino
Nach einer 700 Millionen Dollar teuren Auffrischungskur zeigt sich das Haus von der edleren Seite. Markenzeichen: die riesige Neon-Gitarre über dem Eingang.
4455 Paradise Road
Tel. (702) 693-5000
www.hardrockhotel.com
$$$

(A 12) Mandalay Bay Resort and Casino
Mehr als 4000 Zimmer und eine Ausstattung, die Südseeflair verbreitet. Zum Hotel gehört die attraktivste Swimmingpool-Landschaft (mit eigenem Strand) der Stadt und mit dem Shark Reef das spektakulärste Aquarium.
3950 Las Vegas Boulevard South
Tel. (702) 632-7777
www.mandalaybay.com $$$

(B 11) MGM Grand
Das größte Hotel der Stadt mit mehr als 5000 Zimmern, das seine Gestaltungsidee der Hollywood-Produktionsfirma Metro Goldwyn Mayer (MGM) und den Filmen in ihren Archiven entlehnt hat. Im Casino (auf fast 16000 m^2 das größte in Las Vegas) ist das „Lion Habitat" die größte Attraktion, eine nur durch riesige Glasscheiben von den Spielern getrennte Felslandschaft, in der sich mehrere Löwenarten tummeln.
3799 Las Vegas Boulevard South
Tel. (702) 891-1111
www.mgmgrand.com $$

(A 9) The Palms Las Vegas
Der beste Werbeschachzug für das Hotel: In dem postmodernen Dekor wurde die Reality-TV-Sendung „Real World Las Vegas" des Senders MTV produziert. Die Zimmer sind deckenhoch verglast. Von den oberen Etagen des 55 Stockwerke hohen Wolkenkratzers hat man eine hervorragende Aussicht.
4321 West Flamingo Road
Tel. (702) 942-7777
www.palms.com $$

Die großen Lettern (B 8) beziehen sich auf die MERIAN-Karte auf Seite 123, die kleinen (a 2) auf die Karte auf S. 122

Palmen, Pools und Goldfassade: Das „Mandalay Bay“, eines der größten Hotels am Strip, setzt auf Südsee-Atmosphäre

(B 10) **Planet Hollywood**
Das neueste Casinohotel am Strip, für das das alte „Aladdin“ Platz machen musste, bietet eine für Las Vegas seltene, aber nicht zu unterschätzende Attraktion: Gäste müssen auf dem Weg zum Swimmingpool und zu den Zimmern nicht durch das Casino.
2375 East Tropicana Avenue
Tel. (702) 785-5555
www.planethollywood.com
\$\$

(A 9) **Rio All-Suite Hotel and Casino**
Das riesige Casino ist die Heimstätte der „World Series of Poker“, die dem Kartenspiel durch zahllose Fernsehübertragungen neue Fans zugetragen hat.
3700 West Flamingo Road
Tel. (866) 746-7671
www.riolasvegas.com
\$\$

(C 6) **Riviera**
Das Hotel, das als Kulisse für den Kinofilm “Casino” von Martin Scorsese diente, stammt noch aus der Zeit, als ein Haus mit 2000 Zimmern riesig wirkte. Mit eigener Hochzeitskapelle.
2901 Las Vegas Boulevard South
Tel. (702) 734-5110
www.rivierahotel.com \$

(a 2) **The Ritz-Carlton Lake Las Vegas**
Eines der besten Hotel in Las Vegas kommt als eines der wenigen ohne Casino aus. Gleich nebenan liegt das einem italienischen Dorf nachempfundene Monte Lago mit kleinen Läden und Restaurants. Drei Golfplätze rahmen die Anlage ein.
1610 Lake Las Vegas Parkway
Henderson, NV 89011
Tel. (702) 567-4700
www.ritzcarlton.com/en/Properties/LakeLasVegas/Default.htm
\$\$\$

(D 5) **Sahara**
1952 erbaut und eine preisgünstige Institution. Der Stil: pseudo-marokkanisch und damit “vintage Vegas”.
2535 Las Vegas Boulevard South
Tel. (702) 737-2111
www.saharavegas.com \$

(B 11) **Tropicana Casino & Resort**
Das Dekor lebt von Bildern und anderen Reminiszenzen an die Zeit, als Musiker, Show-Stars und Schauspieler in Las Vegas noch unter sich waren.
3801 Las Vegas Boulevard South
Tel. (702) 739-2222
www.tropicanalv.com \$

(B 8) **Venetian Hotel & Casino**
Die romantischste Stadt der Welt wurde mit ihren Versatzstücken – dem Markusplatz, dem Dogenpalast, dem Campanile und dem Canal Grande – im Sand der Wüste von Nevada nachempfunden.
3355 Las Vegas Boulevard South
Tel. (702) 414-1000
www.venetian.com/
\$\$\$

(B/C 7/8) **Wynn Las Vegas**
Der neue geschwungene, 50 Etagen hohe Kasten mit eigenem künstlichen See und Golfplatz schafft etwas andere Illusionen: Das Las Vegas als verschwenderische Oase mitten in der Wüste.
3131 Las Vegas Boulevard South
Tel. (702) 770-7000
www.wynnlasvegas.com/
\$\$\$

MERIAN | GASTRO-TEMPEL

Besser essen

Die Restaurantszene der Stadt mausert sich: Neben Fastfood gibt es immer mehr Spitzenköche

Einst war Vegas berüchtigt für seine klassischen All-you-can-eat-Buffets. Dort blubberte das geschmacksarme Essen auf Warmhalteplatten vor sich hin, die Massenabfertigung entsprach der Kalkulation der Hoteliers, wonach man die Zimmer und das Essen als Lockangebote zu möglichst niedrigen Preisen offerierte, damit die Besucher ihr Geld im Casino ließen. Qualität hatte niemand im Sinn. Auch nicht das Publikum. Solche Futterstellen existieren zwar noch immer, aber für eine anspruchsvollere Zielgruppe gibt es mittlerweile mehr zu probieren, als man auf einer einzigen Reise ansonsten austesten kann. Vergleichen lohnt sich. Da gibt es beispielsweise das „L'Atelier" des Franzosen Joël Robuchon im „MGM Grand", in dem es genauso aussieht wie im Original in Paris und wo man eine fast identische Speisekarte vorgelegt bekommt. Gleich nebenan serviert Robuchon, der „Koch des Jahrhunderts" (Gault Millau), im separaten „Joël Robuchon" seine Version von All-you-can-eat: ein phantasievolles Probiermenü zu 360 Dollar. Es geht über 16 Gänge. Ebenfalls edel und lecker: die Restaurants „Sensi" (hier kocht der deutsche Küchenchef Martin Heierling) und „Picasso" im Bellagio. Die meisten der in Las Vegas tätigen Top-Köche haben ihren hervorragenden Ruf an anderen Orten erworben und basteln nun an kleinen kulinarischen Königreichen – mit Filialen in den Metropolen rund um den Globus. Die Verträge dieser Küchen-Stars sind in Las Vegas besonders lukrativ: Obwohl Restaurants wie das „Mix" im 64. Stock des „Mandalay Bay" (Koch: Alain Ducasse) Einrichtungskosten von bis zu 22 Millionen Dollar verschlingen, erhalten Spitzenköche gewöhnlich zwischen drei und fünf Prozent vom Umsatz, brauchen jedoch nur etwa zwei Wochen im Jahr persönlich an den Töpfen zu stehen. Da die Top-Restaurants am Strip zwischen 10 und 18 Millionen Dollar pro Jahr erwirtschaften, kommen als Prämie für den guten Namen schnell zwischen 300 000 und 900 000 Dollar zusammen. Mahlzeit!

Elegante und erste Adresse für gute Steaks: „Vic & Anthony's"

(B 8) **Bouchon**
im Venetian
Bistro und Austernbar des Kaliforniers Thomas Keller, der sich an sein Vorbild in Lyon angelehnt und deshalb auch sein Restaurant nach ihm benannt hat. Es gibt Tische am Pool.
3355 Las Vegas Boulevard South, Tel. (702) 414-6200
$$

(E 1) **The Coffee Shop in Binion's Horseshoe**
Uramerikanische Frühstücksgerichte und Salate rund um die Uhr. Sehr populär.
128 Fremont Street
Tel. (702) 382-1600 $

(B/C 7/8) **Daniel Boulud Brasserie** im Wynn Las Vegas
Das Bistro des Franzosen, der sich in New York seine Meriten verdient hat, ist einen Stopp wert. Tische gibt es auch auf der Terrasse, von der man einen Blick auf den künstlichen See des Hotels hat.
3131 Las Vegas Boulevard South, Tel. (702) 770-3310
$$

(B 8) **Delmonico Steakhouse**
im Venetian
Emeril Lagasse ist Amerikas namhaftester Küchenchef, weil er sich über das Fernsehen zu einer Entertainment-Persönlichkeit entwickelt hat. Dafür kommen seine Steaks ohne große Show aus.
3355 Las Vegas Boulevard South, Tel. (702) 414-3737
$$$

(A 9) **Michael Mina**
im Bellagio
Den besten Fisch am Strip, in kreativen Gerichten dargeboten. Der Amerikaner Michael Mina hat seinen Stammsitz in San Francisco.
3600 Las Vegas Boulevard South, Tel. (877) 234-6358
$$$

(A 12) **Mix in Las Vegas**
im Mandalay Bay
Hier kocht der Franzose Alain Ducasse, der Mann mit den meisten Michelin-Sternen auf der Welt. Der Blick aus den hohen Fenstern im 64. Stock entspricht den spektakulären Darbietungen aus der Küche.
3950 Las Vegas Boulevard South, Tel. (702) 632-9500
$$$

(D 10) **Nobu**
im Hard Rock Hotel
Während es in den anderen Filialen des Imperiums des Japaners Nobu Matsuhisa in New York, London oder Los Angeles nahezu unmöglich ist, einen Tisch zu bekommen, hat man in Las Vegas wenigstens eine Chance, wenn man einen Monat vorher reserviert. Sushi und Sashimi in exquisiter Qualität kann man aber auch an der Sushi-Bar kosten. Hier gilt: First come, first serve.
4455 Paradise Road
Tel. (702) 693-5090 $$$

(D 4/5) **Top of the World**
im Stratosphere Hotel
Hoch oben in einem Panorama-Restaurant, das sich gemächlich um die eigene Achse dreht, ist vor allem der Ausblick die Attraktion. Die Speisekarte ist konventionell amerikanisch.
2000 Las Vegas Boulevard South, Tel. (702) 380-7777
$$

(E 1) **Vic & Anthony's Steakhouse**
im Golden Nugget
Aufmerksamer Service, elegantes Ambiente und vor allem: die wohl besten Steaks der Stadt. Ob rare, medium oder well done – die Zubereitung ist immer punktgenau. Ebenfalls zu empfehlen: das reichhaltige Meeresfrüchte-Angebot.
129 E. Fremont Street
Tel. (800) 634-3403 $$

Preiskategorien

Alle Restaurant-Adressen in diesem Info-Magazin sind MERIAN-Empfehlungen. Der Preis für ein Hauptgericht liegt bei:
$ etwa 10 bis 20 Dollar
$$ etwa 20 bis 40 Dollar
$$$ über 40 Dollar

Las Vegas Feeling in Deutschland

Faszination pur in den WestSpiel Casinos

Rotierende Roulette-Kugeln, raschelnde Spielkarten, blinkende Slot-Machines: Jeder Besuch in einem der sieben WestSpiel Casinos garantiert atemberaubende Spannung und prickelnde Atmosphäre. In Aachen, Berlin, Bremen, Bad Oeynhausen, Hohensyburg, Duisburg und Erfurt erleben jährlich rund 1,5 Mio. Gäste, was modernes Casino-Entertainment bedeutet. Und wer neu ist in der Welt des Glücksspiels, bekommt eine Spieleinführung vom erfahrenen Croupier – ganz ohne Einsatz.

Casino Hohensyburg
Klassisches Spiel: Französisches Roulette, American Roulette, Black Jack, Baccara, Poker
Automatencasino: 310 Automaten
Gastronomie: 5 Bars in den Spielsälen und Restaurants, Palmgarden-Restaurant, Sunset Bistro, Tagungs- und Banketträume für bis zu 500 Personen

Hohensyburgstraße 200
44265 Dortmund
Tel. 0231/7740-0
Fax 0231/7740-116
Mail: info.ho@westspiel.de
Öffnungszeiten
Klassisches Spiel: täglich von 15-3 Uhr, So. von 14-3 Uhr
Automatencasino: täglich von 13-2 Uhr, Fr. und Sa. bis 3 Uhr, So. und Feiertage 11-3 Uhr

Casino Aachen
Klassisches Spiel: Französisches Roulette, American Roulette, Black Jack, Poker
Gastronomie: Brasserie Rouge et Noir, Salon Pascal, Casinopavillon Lenné, Baccara Bar, Herz Dame Bar

Monheimsallee 44
52062 Aachen
Tel. 0241/1808-0
Fax 0241/1808-161
Mail: info.ac@westspiel.de
Öffnungszeiten täglich von 15-3 Uhr, Sa. bis 4 Uhr

Automatencasino Aachen
132 Automaten
Gastronomie: Bar
Alter Posthof 12, 52062 Aachen
Tel. 0241/40012-0
Öffnungszeiten tägl. von 11-2 Uhr

Casino Bremen
Klassisches Spiel: American Roulette, Black Jack, Poker
Automatencasino: 25 Automaten
Gastronomie: Bar im Casino, Restaurant „StäV"
Böttcherstraße 3–5
28195 Bremen
Tel. 0421/32900-0
Fax 0421/32900-105
Mail: info.hb@westspiel.de
Öffnungszeiten tägl. von 15-3 Uhr

Automatencasino Bremen
150 Automaten
Gastronomie: Bar mit Snacks
Breitenweg 14–18
28195 Bremen
Tel. 0421/162250
Öffnungszeiten tägl. von 12-1 Uhr, Fr. und Sa. bis 2 Uhr

Automatencasino Bremerhaven
87 Automaten
Theodor-Heuss-Platz 3
27568 Bremerhaven
Tel. 0471/413641
Öffnungszeiten tägl. von 11-0 Uhr

Casino Bad Oeynhausen
Klassisches Spiel: American Roulette, Black Jack, Poker
Automatencasino: 154 Automaten
Gastronomie: Diamond-Bar mit Snacks und Dinner
Mindener Straße 36
32547 Bad Oeynhausen
Tel. 05731/1808-0
Fax 05731/1808-49
Mail: info.oe@westspiel.de
Öffnungszeiten Klassisches Spiel: täglich von 15-3 Uhr, Fr, Sa. und vor Feiertagen bis 4 Uhr
Automatencasino: täglich von 11-3 Uhr, Fr, Sa. und vor Feiertagen bis 4 Uhr

Casino Duisburg
Klassisches Spiel: American Roulette, Black Jack, Poker
Automatencasino: 354 Automaten
Gastronomie: 2 Bars, 1 Bistro, Restaurant „inside"
„CityPalais"
Landfermannstraße
47051 Duisburg
Tel. 0203/71392-0
Fax 0203/71392-284
Mail: info.du@westspiel.de
Öffnungszeiten Klassisches Spiel: täglich von 15-3 Uhr, Fr, Sa. und vor Feiertagen bis 4 Uhr
Automatencasino: täglich von 11-3 Uhr, Fr, Sa. und vor Feiertagen bis 4 Uhr

Casino Berlin
Klassisches Spiel: American Roulette, Black Jack, Poker
Gastronomie: Level 37 mit gastronomischem Angebot, Cocktail-Bar

„Park Inn Berlin-Alexanderplatz"
10178 Berlin
Tel. 030/2389-4144
Fax 030/2389-4113
Mail: info.b@westspiel.de
Öffnungszeiten tägl. von 15-3 Uhr

Automatencasino Berlin
170 Automaten
Gastronomie: Bar mit Snacks
Am Berliner Fernsehturm
Panoramastraße 1A
10178 Berlin
Öffnungszeiten tägl. von 11-3 Uhr

Casino Erfurt
Klassisches Spiel: Poker, Black Jack
Automatencasino: 90 Automaten
Gastronomie: Bar mit Snacks
Theaterplatz 2, 99084 Erfurt
Tel. 0361/219263-0
Fax 0361/219263-22
Mail: info.ef@westspiel.de
Öffnungszeiten Klassisches Spiel: Do. bis So. von 18-2 Uhr, Automatencasino: täglich von 13-2 Uhr

EXTRA | TIPP

Casino mobil
Spieltischvermietung, Organisation von Events
Hohensyburgstraße 200
44265 Dortmund
Tel.0231/7740-718
Fax 0231/7740-77
www.casino-mobil.de

Wissenswertes über die WestSpiel Casinos unter www.westspiel.de

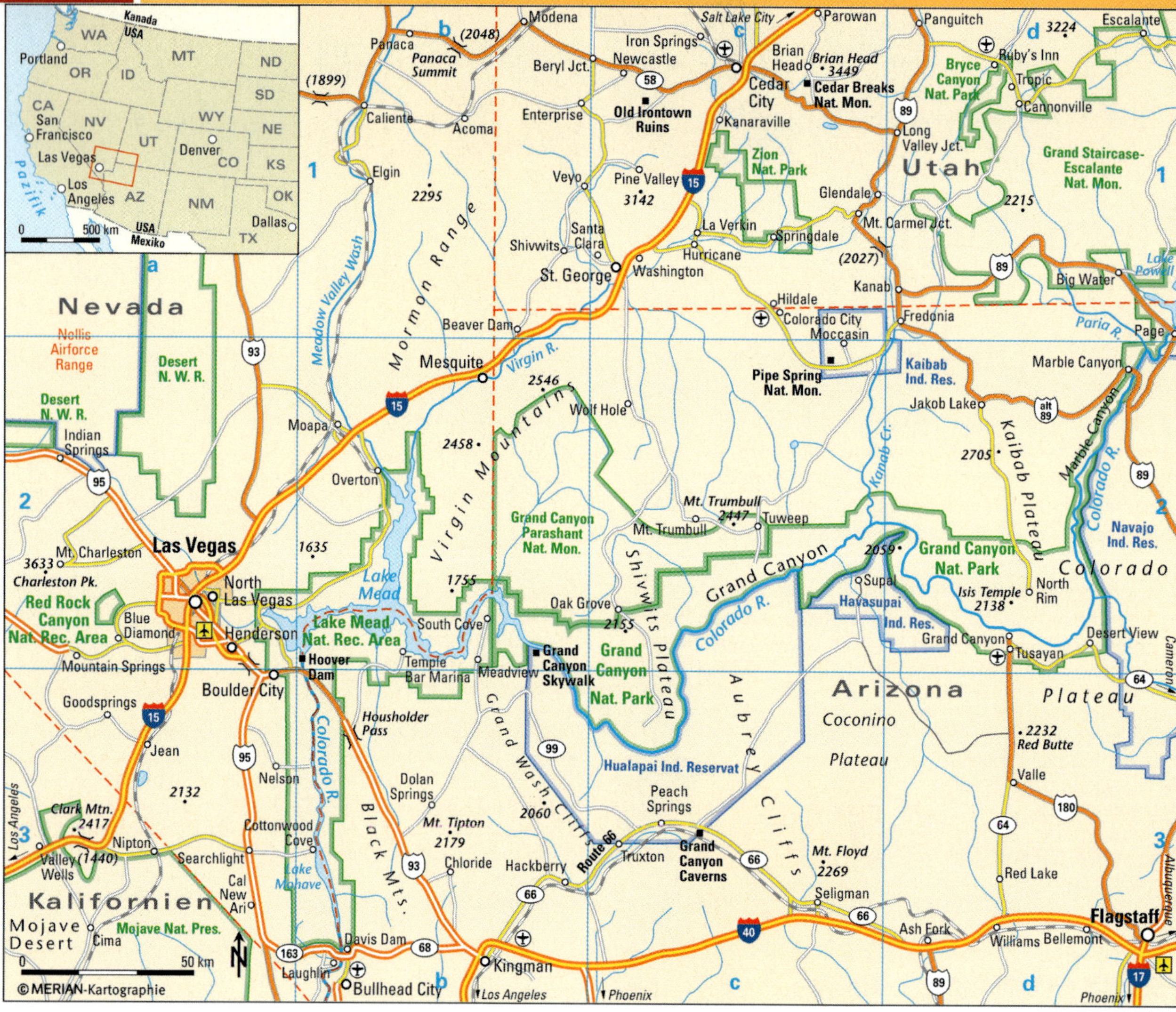

Las Vegas liegt im Bundesstaat Nevada und damit im Südwesten der USA unweit der Grenzen zu Kalifornien, Arizona und Utah. Los Angeles und der Pazifik sind rund 450 Kilometer entfernt, Nationalparks wie der Grand Canyon (Arizona), Bryce Canyon (Utah), Zion (Utah) oder Death Valley (Kalifornien) sind von Las Vegas, das sich als „Gateway to the Nationalparks" versteht, mit dem Auto in ein paar Stunden zu erreichen. Wem das zu lange dauert, der findet mit Lake Mead und Red Rock Canyon Naturschutzgebiete auch direkt vor den Stadttoren.

Sehenswert in der Umgebung

Bryce Canyon National Park .... d 1
Grand Canyon National Park ...... b-d 2/3
Grand Canyon Skywalk .... b 2
Hoover Dam .... b 2
Lake Mead .... a/b 2
Red Rock Canyon National Recreation Area .... a 2
Zion National Park .... c 1

Sehenswert in Las Vegas

Atomic Testing Museum .... E 9
Bellagio Conservatory................. A 9
Bellagio Fountains.................. A/B 9
Circus Circus/Adventuredome....... B/C 6
Dolphin Habitat....................... A 8
Fremont Street Experience .... E 1
Guggenheim Heritage................. B 8
Las Vegas Boulevard (The Strip)..................... F 1-B 14
Las Vegas Design Center .... D 2
Liberace Museum .... G 11
Little Church of the West............ B 13
Little White Wedding Chapel......... D/E 4
Madame Tussauds..................... B 8
Museum for Natural History .... F 1
Neon Museum .... F 1
Nevada State Museum .... A 1
Old Las Vegas Mormon State Historic Park .... F 1
Shark Reef .... A 13
Siegfried & Roy's Secret Garden .... A 8
Springs Preserve..................... A 7
Star Trek: The Experience............. D 6
Stratosphere Tower.................. D 4/5

Hotels und Casinos

Bally's Las Vegas .... B 9
Bellagio .... A 9
Binion's Horseshoe .... E 1
Caesar's Palace .... A/B 9
Excalibur .... A/B 11
Flamingo .... B 9
Golden Nugget .... E 1
Hard Rock Hotel...................... D 10
Luxor............................... A/B 12
Mandalay Bay........................ A 12
MGM Grand .... B 11
Mirage.............................. A/B 8
New York New York................ A/B 11
Paris .... B 9/10
Planet Hollywood.................... B 10
Rio.................................. A 9
Riviera............................... C 6
Sahara .... D 5
Treasure Island .... B 8
Tropicana............................ B 11
Venetian.............................. B 8
Wynn............................... B/C 7/8

Shopping

Fashion Show Mall .... B 7
Forum Shops .... A 8
Miracle Mile Shops................... B 10
Las Vegas Outlet Center.............. B 14
Las Vegas Premium Outlets .... C/D 2/3
The Attic............................. D 3
Via Bellagio.......................... A 10

Shows

Cirque du Soleil's KÀ................. B 11
Cirque du Soleil's Love................ A 8
Cirque du Soleil's Mystère .... B 8
Cirque du Soleil's O .... A/B 10
Cirque du Soleil's Zumanity .... A/B 11
Folies Bergere .... B 11
Jubilee................................ B 9
King Arthur's Tournament............ A 11
Le Rêve............................... C 8
Mamma Mia!......................... A 12
Monty Python's Spamalot............. C 8
Ooh La La .... B 9
Phantom of the Opera .... B 8
The Joint .... D 10

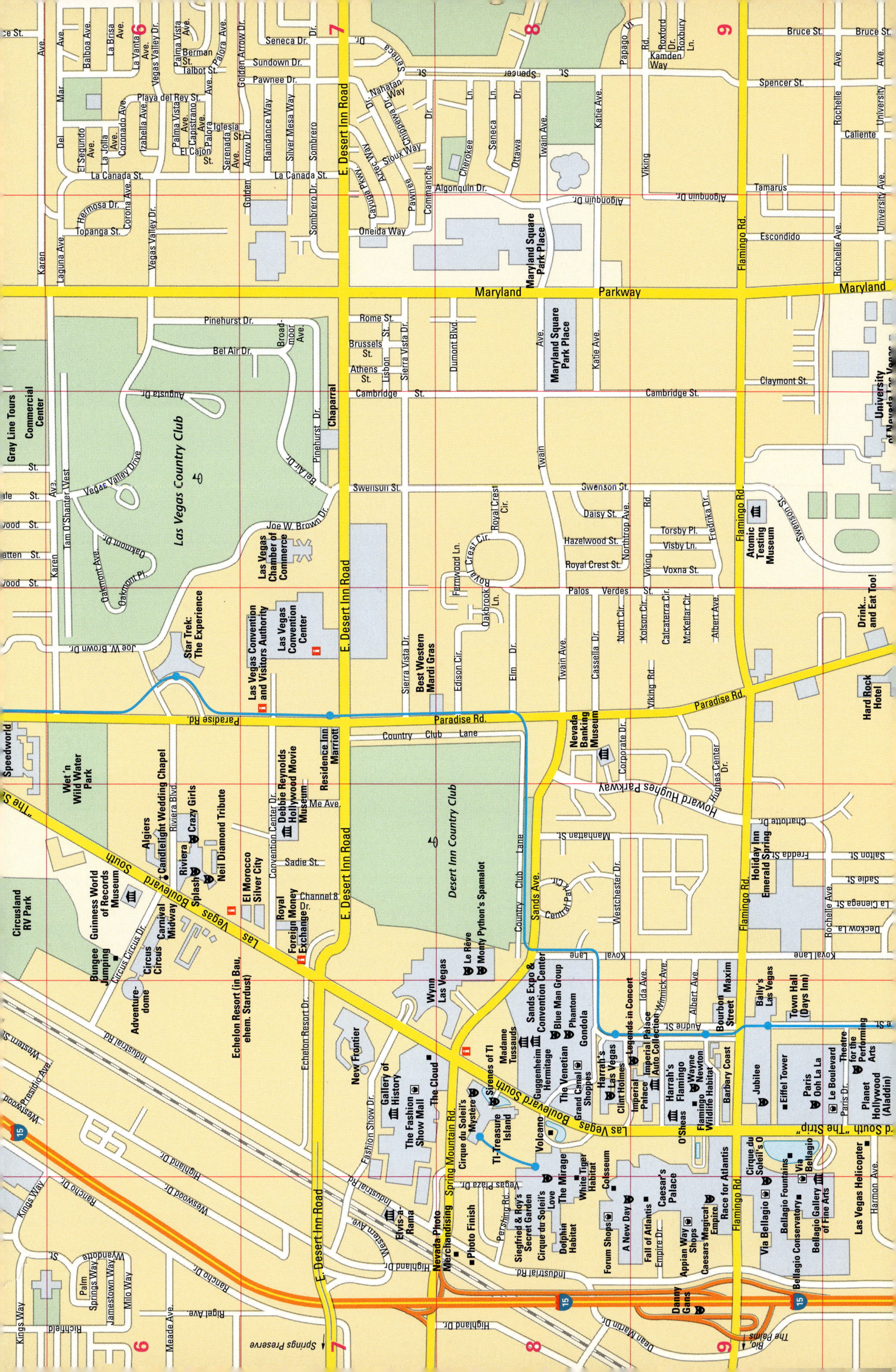
6
7
8
9
Seneca Dr.
Sundown Dr.
Pawnee Dr.
Playa del Rey St.
La Canada St.
Hermosa Dr.
Topanga St.
Laguna Ave.
Vegas Valley Dr.
Golden Arrow Dr.
Raindance Way
Silver Mesa Way
Sombrero Dr.
E. Desert Inn Road
Spencer St.
Algonquin Dr.
Oneida Way
Maryland Square Park Place
Maryland Parkway
Twain Ave.
Katie Ave.
Flamingo Rd.
Bruce St.
Tamarus
Escondido
Rochelle Ave.
University Ave.
Pinehurst Dr.
Bel Air Dr.
Rome St.
Brussels St.
Athens St.
Cambridge St.
Claymont St.
Gray Line Tours
Commercial Center
Las Vegas Country Club
Chaparral
Swenson St.
Daisy St.
Hazelwood St.
Royal Crest St.
Torsby Pl.
Visby Ln.
Voxna St.
Palos Verdes St.
Atomic Testing Museum
University of Nevada Las Vegas
Las Vegas Chamber of Commerce
Las Vegas Convention Center
Las Vegas Convention and Visitors Authority
Star Trek: The Experience
Joe W. Brown Dr.
Best Western Mardi Gras
Sierra Vista Dr.
Drink... and Eat Too!
Hard Rock Hotel
Paradise Rd.
Country Club Lane
Nevada Banking Museum
Howard Hughes Parkway
Speedworld
Wet 'n Wild Water Park
Residence Inn Marriott
Debbie Reynolds Hollywood Movie Museum
Desert Inn Country Club
Monty Python's Spamalot
Le Rêve
Wynn Las Vegas
Algiers
Candlelight Wedding Chapel
Riviera
Crazy Girls
Splash
Neil Diamond Tribute
El Morocco
Silver City
Royal
Foreign Money Exchange
Guinness World of Records Museum
Circusland RV Park
Bungee Jumping
Adventuredome
Circus Circus
Carnival Midway
Echelon Resort (in Bau, ehem. Stardust)
Las Vegas Boulevard South
Sands Ave.
Holiday Inn Emerald Spring
Sands Expo & Convention Center
Blue Man Group
Phantom
Gondola
The Venetian
Guggenheim Hermitage
Madame Tussauds
Sirenes of TI
New Frontier
Gallery of History
The Fashion Show Mall
The Cloud
TI-Treasure Island
Cirque du Soleil's Mystère
Volcano
The Mirage
Grand Canal Shoppes
Harrah's Las Vegas
Clint Holmes
Legends in Concert
Imperial Palace
Imperial Palace Auto Collection
Harrah's Flamingo
Wayne Newton
Flamingo Wildlife Habitat
O'Sheas
Barbary Coast
Bourbon Street
Maxim
Bally's Las Vegas
Town Hall (Days Inn)
Jubilee
Eiffel Tower
Paris
Ooh La La
Le Boulevard
Theatre for the Performing Arts
Planet Hollywood (Aladdin)
Siegfried & Roy's Secret Garden
Cirque du Soleil's Love
Dolphin Habitat
White Tiger Habitat
Colosseum
Forum Shops
A New Day
Fall of Atlantis
Caesar's Palace
Appian Way Shops
Caesars Magical Empire
Race for Atlantis
Cirque du Soleil's O
Via Bellagio
Bellagio Fountains
Bellagio Conservatory
Bellagio Gallery of Fine Arts
Las Vegas Helicopter
Elvis-a-Rama
Nevada Photo Merchandising
Photo Finish
Spring Mountain Rd.
Industrial Rd.
Highland Dr.
Western Ave.
Rancho Dr.
Westwood Dr.
Danny Gans
Dean Martin Dr.
Springs Preserve
Rigel Ave.
Meade Ave.
Kings Way
Palm Springs Way
Jamestown Way
Milo Way
Wyandotte St.
Harmon Ave.
15

Wer mit dem Flugzeug bei Dunkelheit einschwebt, dem bietet sich ein atemberaubender Blick auf die leuchtende Skyline

hat die Stadt eine Fläche von rund 50 Quadratkilometern, etwa 800 Einwohner leben hier.
1930 Las Vegas wächst auf 5000 Einwohner an.
1931 Der Bau des Hoover-Damms beginnt und sorgt für einen starken Zustrom von Bauarbeitern. Der mit dem Dammbau verbundene wirtschaftlichem Aufschwung nach der Großen Depression lässt die Einwohnerzahl rasch ansteigen. Vier Jahre später wird der Damm fertig gestellt. Nach zeitweiligem Verbot des Glücksspiels wird es 1931 wieder legalisiert.
1940 Las Vegas hat mittlerweile 8500 Einwohner. Der Zweite Weltkrieg bringt die Rüstungsindustrie in die Stadt; die isolierte Lage, reichliches Wasservorkommen und günstige Energie machen Las Vegas zum idealen Standort. Die Rüstungsindustrie ist bis heute nach dem Tourismus einer der wichtigsten Wirtschaftszweige in der Region.
1945 Nach dem Zweiten Weltkrieg entstehen luxuriöse Hotels und Spielcasinos mit exklusivem Unterhaltungsangebot. Die Tourismus- und Entertainment-Branche schafft nun die meisten Arbeitsplätze im Tal.
1946 Der Mafioso Benjamin „Bugsy" Siegel eröffnet das Flamingo Hotel & Casino. Das organisierte Verbrechen wird in Las Vegas heimisch und besetzt auf Jahrzehnte hinaus Schlüsselpositionen im Hotel- und Glücksspielgewerbe.
1950er Die Atombombentests in der Wüste Nevadas ziehen viele Besucher an.
1951 Eine Zweigstelle der Universität von Nevada wird in Las Vegas gegründet.
1959 Betty Willis entwirft das „Welcome to Fabulous Las Vegas"-Zeichen.
1960 Las Vegas erstreckt sich auf 64 Quadratkilomtern, die Stadt hat 64 500 Einwohner. Damit leben in Las Vegas mehr als 22% der Gesamtbevölkerung Nevadas auf weniger als 0,02% der Fläche des Staates.
1960er-1980er Jahre Riesige Investitionen des milliardenschweren Unternehmers Howard Hughes und darauf folgende Engagements von Managern wie Kirk Kerkorian und Steve Wynn und Aktiengesellschaften in der Hotel- und Entertainmentbranche brechen die Macht der Mafia. „Gambling" wird zu „Gaming" und allmählich zu einem legalen Geschäft.
1985-1995 Ein jährliches Bevölkerungswachstum von rund sieben Prozent erhöht die Einwohnerzahl der Stadt von 186 500 auf 368 500.
1990er Jahre Zum Bevölkerungswachstum kommt ein Vier-Prozent-Wachstum der Hotelkapazitäten und ein Neun-Prozent-Wachstum auf dem Arbeitsmarkt in Las Vegas.
2000 Die Stadt hat 478 500 Einwohner und umfasst ein Gebiet von 292 Quadratkilomtern. Las Vegas ist damit die größte Metropole unter den im 20. Jahrhundert gegründeten Städten der USA.
2005 Las Vegas feiert seinen 100. Geburtstag.

Spaß: das Las Vegas Hotel 1905

ALLGEMEINES

Zahlungsmittel
Währung ist der US-Dollar, Kreditkarten und Traveler's Cheques sind Standard. Schecks und EC-Karten werden nicht akzeptiert.

Telefon
Der Siegeszug der Mobiltelefone hat für eine rapide Abnahme von öffentlichen Fernsprechern geführt. Die akzeptieren Münzen und Prepaid-Telefonkarten, die sich auch für Anrufe von Hotelfernsprechern empfehlen. Vorwahl für Deutschland 011 49, Schweiz 011 41, Österreich 011 43

Trinkgeld
Im Restaurant oder bei der Fahrt mit dem Taxi nicht in den Endpreisen enthalten. Üblich sind Beträge von mindestens 15 Prozent. Auch Zimmermädchen (1 Dollar pro Tag) und Gepäckträger (1 Dollar pro Gepäckstück) erhalten den so genannten Tip.

AUSKUNFT

Wedoitallvegas.com ist ein Online-Portal für Vegas-Touristen, das keine Fragen und Wünsche offenlässt und, zum Beispiel, bei der Kartenbeschaffung nützlich ist.
www.wedoitallvegas.com
Auch empfehlenswert: die monatlich erscheinende Vegas-Ausgabe des nutzwertorientierten „Where"-Magazins.
www.wheremagazine.com

ANREISE

Auto
Während die West-Ost-Achse der Interstate 40 im Süden an Las Vegas vorbeiführt, verläuft die Nord-Süd-Achse der Interstate 15 geradewohl durch Las Vegas. Die beiden Autobahnen verbinden die Stadt mit Los Angeles, Flagstaff (Arizona) und Salt Lake City (Utah). An den Norden des Staates Nevada und die Städte Reno und Carson City ist Las Vegas über die ausgebaute Staatsstraße 95 angebunden.
Zur Orientierung: Die Entfernung zwischen Los Angeles und Las Vegas beträgt etwa 450 km. Die zwischen Reno und Las Vegas etwa 700 km.

Bus
Das landesweite Netz des Verkehrsunternehmens Greyhound schließt auch Las Vegas ein. Der Busbahnhof befindet sich in 200 South Main Street, Tel. (702) 384-95 68. (www.greyhound.com)

Flugzeug
Alle Maschinen landen auf dem McCarran International Airport (www.mccarran.com). Er gehört mit seinen zwei Terminals und jährlich knapp 50 Millionen Fluggästen zu den größten Umschlagplätzen der amerikanischen Luftfahrt. Die meisten Verbindungen bieten Southwest Airlines und US Airways. Direktflüge aus Deutschland werden etwa von LTU offeriert, die montags und donnerstags Las Vegas nonstop von Düsseldorf aus anfliegen.

VERKEHRSMITTEL

Las Vegas Monorail
Dieses neue Verkehrsmittel hält an den Hotels MGM Grand, Bally's, Flamingo, Harrah's, am Convention Center, am Hilton und am Sahara Hotel und ist der beste und schnellste Weg, den Strip auf bequeme Weise zu überwinden. Die Einzelfahrt kostet 5 Dollar, eine Tageskarte 9 Dollar (www.lvmonorail.com). Eine kostenlose Monorail-Verbindung gibt es auf

der anderen Seite des Strips zwischen den Hotels Mandalay Bay, Luxor und Excalibur.

Trolleybusse
Entlang des Strips kommt als etwas langsamere Alternative auch einer der Strip Trolleybusse in Frage. Fahrpreis 2,50 Dollar, Tageskarte: 4,25 Dollar. Der Bus hält an allen großen Hotels. Wer nach Downtown will, kann mit einem der **CAT-Busse** (Citizens Area Transit) fahren. Fahrpreis: 2,50 Dollar (www.rtcsouthernnevada.com/cat)

Taxis
Viele Taxis sind Minivans und ermöglichen dadurch kleinen Reisegruppen eine relativ bequeme Fahrt. Ein Anhaltspunkt für die Preise: Vom Flughafen, der südöstlich vom Strip liegt, kostet eine Fahrt bis zum MGM Grand am Südende des Strip etwa 15 Dollar. Für den Weg bis zum Nordende muss man mit 20 Dollar rechnen, mit 25 Dollar für die Strecke bis Downtown.

Mietwagen
Der Flughafen Las Vegas (McCarran International Airport), 5757 Wayne Newton Boulevard, Tel. (702) 261-52 11), verfügt über eine spezielle Mietwagenabfertigung in einem Gebäude (McCarran Rent-A-Car Center, 7135 Gilespie Street, Telefon (702) 261-6001) etwa fünf Kilometer von den Terminals entfernt. Ein Pendelbus transportiert die Kunden kostenlos im Fünf-Minuten-Takt hier hin und nach Abgabe des Autos zurück zum jeweiligen Terminal.
Preisbeispiel: Bei Avis (www.avis.de) kostet ein Kleinwagen ab 25 Euro pro Tag bei einer einwöchigen Miete. Am einfachsten ist es, die Buchung des Mietwagens bereits in Deutschland vorzunehmen.

WETTER

Es ist meist heiß, trocken, und es weht ein leichter Wind. Während der Wintermonate erreichen die Temperaturen zwischen 15 und 20 Grad, während sie im Sommer regelmäßig auf über 40 Grad im Schatten steigen. Die klimatisch gesehen angenehmsten Reisemonate sind März bis Mai und September bis Ende Oktober.

FEIERTAGE

Las Vegas brodelt, 365 Tage im Jahr, 24 Stunden am Tag. An den gesetzlichen amerikanischen Feiertagen sind jedoch Behörden, Banken, Postämter und andere öffentliche Einrichtungen geschlossen.

New Year's Day
(Neujahr) - 1. Januar
Martin Luther King Day
dritter Montag im Januar
Washington's Birthday
dritter Montag im Februar
Memorial Day
letzter Montag im Mai
Independence Day
(Unabhängigkeitstag) - 4. Juli
Labor Day (Tag der Arbeit) - erster Montag im September
Columbus Day
zweiter Montag im Oktober
Veterans Day - 11. November
Thanksgiving Day
vierter Donnerstag im November
Christmas Day
(Weihnachten) - 25. Dezember.

BÜCHER

Angst und Schrecken in Las Vegas
Heyne Verlag, 2005. 8,95 Euro
Eine wilde Reise in das Herz des Amerikanischen Traumes. Das Buch des Amerikaners Hunter S. Thompson ist Exzentrik pur: Das gilt für seinen Schreibstil, den er als Gonzo-Journalismus bezeichnete, und die bizarre Geschichte über zwei Männer aus Kalifornien, die in berauschtem Zustand einen Kongress von Staatsanwälten zum Thema Drogen in Las Vegas besuchen.

MERIAN live Las Vegas
Travel House Media, München, 2005. 7,95 Euro
Kompaktes Insiderwissen zu einem attraktiven Preis. Geschichten, Infos und Fotos in gewohnter MERIAN-Qualität. Reichhaltiges Kartenmaterial.

Vis-à-Vis Las Vegas
Dorling Kindersley Verlag, München, 2006. 16,90 Euro
Attraktiver Reiseführer im Taschenbuch: Die Gestaltung mit Karten und einer enormen Zahl von Fotos und aufwändigen Illustrationen ist übersichtlich und leserfreundlich, die Texte sind kompakt, geben einen guten ersten Eindruck, gehen aber selten in die Tiefe.

Las Vegas. Geld. Macht. Politik
Denton, Sally; Morris, Roger; Verlag Zweitausendeins, Frankfurt, 2005. 12,90 Euro
Intensiv recherchierte Dokumentation über die „geheime Geschichte" der Stadt. Die Autoren beschreiben den Aufstieg der Mafia und die Verstrickung von Wirtschaft und Politik.Korruption, so ihr Urteil, war und ist einer der Grundpfeiler für den Erfolg der Metropole.

Das Land in Zahlen

Einwohner Knapp 600 000 leben im Stadtgebiet, rund 1,9 Millionen in Clark County

Fläche Die bebaute Fläche umfasst 632 Quadratkilometer – damit ist das Wüstental, in dem Las Vegas liegt, nahezu komplett erschlossen.

Wirtschaft Der Tourismus ist mit Abstand wichtigste Einnahmequelle und größter Arbeitgeber. 2006 spülten allein die Spieleinnahmen 8,2 Milliarden Dollar in die Stadtkasse.
Die Gesamteinnahmen aus dem Tourismus liegen bei rund 37 Milliarden Dollar jährlich. Die Arbeitslosenquote liegt in Las Vegas mit 3,5 Prozent deutlich unter dem US-Schnitt von etwa 5 Prozent.

Übernachtungsgäste 38,9 Millionen Touristen (gut 100 000 aus Deutschland) kamen 2006 nach Las Vegas. Sie blieben im Schnitt 3,5 Nächte in einem der 125 Hotels und 185 Motels mit Casinos und zahlten für eine Übernachtung im Schnitt 119 Dollar. Die Belegungsrate der Hotels und der insgesamt rund 135 000 Hotelzimmer liegt bei etwa 92 Prozent, zum Vergleich: Die durchschnittliche Hotel-Belegungsrate in den USA beträgt rund 63 Prozent.
Die meisten und größten der Hotels liegen am Las Vegas Boulevard, dem so genannten „Strip", der 7,2 Kilometer lang ist.

MERIAN-Stadtplan
LAS VEGAS
Kirche, Kapelle
Information
Einkaufen
Museum
Theater
Golfplatz
Busbahnhof
Bahnhof
Flughafen
Monorail mit Haltestelle
© MERIAN-Kartographie
0
500 m
N
Downtown
Winchester
Natural History, Old Las Vegas Mormon State Historic Park
State Bldg.
Squires
Metro Police HQ
Park
City Hall
Blackhawk Rail Car
Amtrak
Binion's Horseshoe
Fremont Street Experience
Golden Nugget
Neon Museum
Greyhound Bus Depot
El Cortez
Divine Madness
Fremont Street Motel Row
Court House
Clark County Marriage License Bureau
Weekirk O' the Heather Wedding Chapel
Federal Bldg.
U.S. Court House
Las Vegas Academy (Arts & Theater High School)
World Market Center (Las Vegas Design Center)
Lou Ruvo Alzheimer's Institute
Clark County Governmental Center
Las Vegas Premium Outlets
Gamblers General Store
The Attic
Arts Factory
Antique Square
Charleston Plaza
Dutton Park
Graceland Wedding Chapel
Huntridge Circle Park
Gateway Park
Viva Las Vegas Wedding
San Francisco Sally's Victorian Chapel
Little White Wedding Chapel
Chapel of Love
Odyssey Records
Thrill Rides
Stratosphere Tower
American Superstars
Aztek Inn
Chapel of the Bells
South Meadows Park
Baker Park
Bob Baskin Park
Las Vegas Inn
Palace Station
Speed: The Ride
Sahara
Oran K. Gragson Highway
Las Vegas Boulevard North
Las Vegas Boulevard South
Grand Central Pkwy.
Charleston Boulevard
Oakey Boulevard
Sahara Ave.
Alta Dr.
Bonneville Ave.
S. Martin Luther King Boulevard
Rancho Dr.
Maryland Parkway
Bonanza Road
Main Street
Fremont
Mesquite Ave.
St. Louis Ave.
Wyoming Ave.
Paradise Rd
Industrial Rd
Highland Dr.
Western St.
Discovery Drive
95
93
15
515

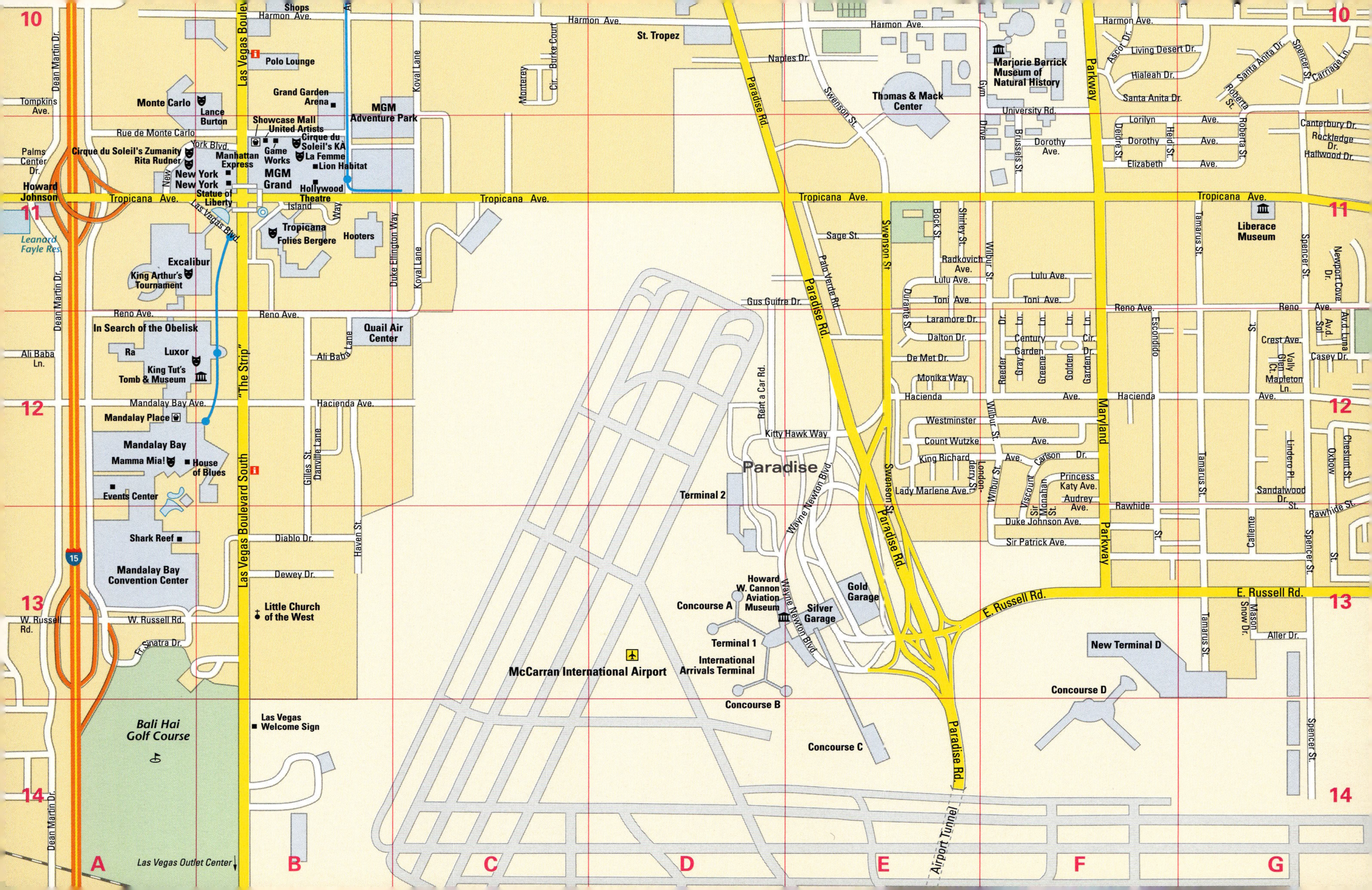

McCarran International Airport
Paradise
Tropicana Ave.
Las Vegas Boulevard South
"The Strip"
Paradise Rd.
Maryland Parkway
E. Russell Rd.
W. Russell Rd.
Harmon Ave.
Reno Ave.
Hacienda Ave.
Mandalay Bay Ave.
Dean Martin Dr.
Koval Lane
Duke Ellington Way
Swenson St.
Wilbur St.
Spencer St.
Tamarus St.
Airport Tunnel
Wayne Newton Blvd.
Kitty Hawk Way
Rent a Car Rd.
Gus Guifre Dr.
Palo Verde Rd.
Naples Dr.
University Rd.
Escondido
Rawhide St.
Diablo Dr.
Dewey Dr.
Haven St.
Gilles St.
Danville Lane
Ali Baba Lane
Fr. Sinatra Dr.
Rue de Monte Carlo
Tompkins Ave.
Palms Center Dr.
Howard Johnson
Leonard Fayle Res
Monte Carlo
Lance Burton
Cirque du Soleil's Zumanity
Rita Rudner
New York New York
Manhattan Express
Statue of Liberty
Showcase Mall
United Artists
Game Works
MGM Grand
Cirque du Soleil's KA
La Femme
Lion Habitat
Hollywood Theatre
Grand Garden Arena
MGM Adventure Park
Polo Lounge
Shops
Tropicana
Folies Bergere
Island Way
Hooters
Excalibur
King Arthur's Tournament
Quail Air Center
In Search of the Obelisk
Ra
Luxor
King Tut's Tomb & Museum
Mandalay Place
Mandalay Bay
Mamma Mia!
House of Blues
Events Center
Shark Reef
Mandalay Bay Convention Center
Little Church of the West
Las Vegas Welcome Sign
Bali Hai Golf Course
Las Vegas Outlet Center
St. Tropez
Thomas & Mack Center
Marjorie Barrick Museum of Natural History
Liberace Museum
Terminal 2
Terminal 1
International Arrivals Terminal
Howard W. Cannon Aviation Museum
Concourse A
Concourse B
Concourse C
Concourse D
New Terminal D
Gold Garage
Silver Garage

MERIAN | GESCHICHTE

Die Macht des Mob

Mit Bugsy Siegel kamen 1946 die Mafiosi – und sie waren gekommen, um zu bleiben

Als Oscar Goodman noch seinem erlernten Beruf als Rechtsanwalt nachging, hat er viele schillernde Figuren aus der Welt des organisierten Verbrechens kennen gelernt. Der berühmteste war ein gewisser Meyer Lansky. Nicht minder berüchtigt: Anthony „die Ameise" Spilotro, der später im Film „Casino" in der Figur des Mafia-Killers Nicky Santoro aufging. Goodman war ihr Verteidiger vor Gericht – ehe er 1999 Bürgermeister von Las Vegas wurde. Was in anderen US-Städten undenkbar wäre, ist für „Sin City" nicht ungewöhnlich. Hier war der Einfluss des „Mob", der amerikanischen Mafia, jahrzehntelang spürbar. Um nicht zu sagen: lebensnotwendig. Wo wäre Vegas heute ohne die Basisarbeit von „Bugsy" Siegel, dem Mafia-Boss, der 1946 zusammen mit Kumpanen wie Meyer Lansky und „Lucky" Luciano in das „Flamingo" investierte? Zur Eröffnung wurden Stars wie Clark Gable und Lana Turner eingeladen und versprühten Hollywood-Glamour. Bugsy geriet bei seinen Spießgesellen schnell in den Verdacht, in die eigene Tasche zu wirtschaften, und so überraschte es kaum jemanden, dass er im Juni 1947, kaum ein Jahr nach der „Flamingo"-Eröffnung, erschossen wurde. Die Mafia war in Las Vegas angekommen, und sie war gekommen, um zu bleiben. Neben Meyer Lansky rückten andere nach, die ihre Einnahmen aus Prostitution, Erpressung und Raub reinwaschen wollten. Das ging nirgends besser als in den Casinos von Vegas, die zudem auch noch reichlich Gewinn abwarfen. Das „Desert Inn" übernahmen Jungs aus Cleveland, das „Sahara" gehörte bald dem Chicagoer Familienzweig, um das „Dunes" kümmerte sich die Neu-England-Abteilung, im „Sands" sang der vom Mob protegierte Frank Sinatra. Am Ende mischte auch der in Mafiageschäfte verstrickte Gewerkschaftsboss Jimmy Hoffa mit, ihm gehörten Anteile am „Caesars Palace". Rund 30 Jahre war Vegas die Milchkuh der Mobster. Erst als der Milliardär Howard Hughes (siehe S. 129) Ende der sechziger Jahre begann, Las Vegas aufzukaufen, wurde das organisierte Verbrechen zurückgedrängt, große Konzerne und Aktiengesellschaften übernahmen die Casinos. Spötter meinen, verglichen mit den neuen Herren wären Meyer Lansky & Co. Amateure gewesen. Lansky starb übrigens 1983 in Miami im gesegneten Alter von 80 Jahren an Krebs. Er wurde nie verurteilt – Las Vegas' heutiger Bürgermeister, Oscar Goodman, hatte ganze Arbeit geleistet.

GESCHICHTSDATEN

Ab ca. 13 000 v. Chr. Jäger und Sammler, die Vorfahren der späteren Indianer, ziehen durch die Gegend um Las Vegas. Später lassen sich die Anasazi-Indianer in dem Gebiet nieder, danach folgen nomadische Indianerstämme wie Paiute, Washoe und Shoshonen.

1776 Europäer entdecken den „Spanish Trail", den Spanischen Weg, der Santa Fé mit Los Angeles verbindet.

Anfang 19. Jh. Spanische Kundschafter, unterwegs auf dem „Spanish Trail", entdecken Wasserquellen im fruchtbaren Umland des Colorado und nennen es „las Vegas", die Wiesen.

1844 Der Entdecker John Fremont schreibt über Las Vegas und weckt damit allgemeines Interesse an dem Tal. Zuvor war Las Vegas vor allem der einheimischen indianischen Bevölkerung, den spanischen Pionieren und Missionaren bekannt.

1846-48 Mexikanisch-amerikanischer Krieg. Mexiko muss das spätere Nevada abtreten. Dessen größter Teil gerät unter die Verwaltung von Utah, das Las Vegas Valley unter die von New Mexico.

1855 Eine Gruppe von 30 Mormonen errichtet im Las Vegas-Tal ein Fort. Es ist die erste nicht-indianische Besiedelung in dieser Region. Die Missionare versuchen, den Paiute-Indianern ihre landwirtschaftlichen Techniken zu vermitteln; ohne Erfolg.

1857 Das Fort wird aufgegeben.

1863 New Mexico wird geteilt; Las Vegas liegt nun im neuen Territorium Arizona.

1867 Weitere vier Jahre später gibt Arizona ein Stück Land an seinen Nachbarn ab; jetzt liegt Las Vegas in Nevada.

2. Hälfte 19. Jh. Nach der Entdeckung von Mineralen, darunter wertvollen Metallen, beginnt der Bergbau in der Region. Die Fertigstellung der Bahnstrecke zwischen Südkalifornien und Salt Lake City macht Las Vegas zur Eisenbahn-Stadt. Mit ihren großen Wasservorkommen ist die Stadt der ideale Ort zum Auftanken und Rasten. Die Eisenbahn bleibt 25 Jahre lang Las Vegas' Hauptwirtschaftszweig.

1885 Durch den „State Land Act" werden Grundstücke für $1,25 pro Hektar verkauft. Dies zieht viele Farmer nach Las Vegas und für die folgenden 20 Jahre wird Landwirtschaft der wichtigste Wirtschaftszweig.

1905 Als 110 Hektar Land zwischen Stewart Avenue im Norden, Garces Avenue im Süden, Main Street im Westen und 5th Street (Las Vegas Boulevard) im Osten versteigert werden, wird Las Vegas über Nacht zur Stadt.

1905 Mit dem „Las Vegas Hotel" entsteht das erste Hotel der Stadt.

1909 Las Vegas wird Kreisstadt des Landkreises Clark County. Bis heute wird die Stadt aber durch Lincoln County verwaltet.

1911 Las Vegas erhält Stadtrecht und seine erste Gründungsurkunde. Zu dieser Zeit

Keine Casinos, keine Mädchen, kein

MERIAN | HOWARD HUGHES

Der Mann, der Las Vegas kaufte

Im Rückblick auf die neonbunte Historie von Las Vegas wird gewöhnlich ein Ereignis unterschlagen: der Tag, an dem der reichste Mann Amerikas in einem Sonderzug der Union Pacific in die Stadt kam. Das liegt daran, dass der exzentrische Milliardär Howard Hughes, der Flugzeuge gebaut und geflogen und Filme produziert hatte, so gut wie keine Spuren hinterließ. Obwohl sein Einfluss ziemlich bedeutend war. Als Hughes 1966 kam, regierte die Mafia. Als er anfing, Immobilien zu erwerben, büßte die Mafia ihre führende Rolle ein, und andere Investoren fühlten sich ermutigt, sich ebenfalls in Südnevada zu engagieren.

Vier Jahre lang verkroch sich der Milliardär Howard Hughes regelrecht in seiner Suite im „Desert Inn"

Hughes' Interesse kam nicht von ungefähr. Bereits in den vierziger und fünfziger Jahren hatte der Mann, an dessen Seite sich gerne Film-Diven wie Katharine Hepburn und Ava Gardner zeigten, den Casinos der Stadt hin und wieder einen Besuch abgestattet. 1950 wollte er sogar die Produktionsstätten seiner Firma Hughes Aircraft von Kalifornien auf ein Gelände in der Nähe von Las Vegas verlagern, aber weil sich seine Ingenieure dem Plan widersetzten, wurde nichts daraus. Als Hughes in den sechziger Jahren dann doch noch kam und sich in den beiden oberen Stockwerken des „Desert Inn" einquartierte, gab es erst einmal Streit mit den Besitzern des Hotels. Der endete damit, dass Hughes, geplagt von Drogensucht und allerlei Phobien, das Haus kaufte. Für 13,25 Millionen Dollar.

Das Geld kam aus dem Verkauf seiner Anteile der Luftverkehrsgesellschaft TWA und reichte für weitere Anschaffungen, die Hughes vor allem aus steuerlichen Gründen betrieb. „Wie viele von diesen Spielzeugen sind zu haben?", soll er damals einen seiner engsten Berater gefragt haben. „Lass sie uns alle kaufen." Die einzige Schwierigkeit bestand darin, dass der menschenscheue Milliardär sich als Betreiber von Casinos persönlich den Behörden hätte zeigen müssen, um Glücksspiellizenzen zu erhalten. Doch schließlich regelten Anwälte und Geld auch dieses Problem. Und der Gouverneur war froh: Dies war das Patentrezept, um die Mafia hinauszudrücken, in dem man sie auskaufte.

So erwarb Hughes als nächstes das „Sands", danach das „Castaways", das „Silver Slipper" und das „Frontier". Als er auch noch das „Stardust" an sich bringen wollte, stoppten ihn die Bundesbehörden. Sie fürchteten, dass Hughes eine Monopolstellung erhalten würde. Die hatte er ohnehin.

Frank Sinatra, der alles andere als ein Hughes-Freund war, witzelte auf der Bühne des „Dunes": „Sie fragen sich, warum ich keinen Drink in der Hand habe? Nun, Howard Hughes hat ihn gekauft."

Dabei besaß Hughes durchaus Visionen: „Ich stelle mir Las Vegas wie einen gut angezogenen Mann in einem Dinner Jacket vor und wie eine Frau im Pelz, die aus einem teuren Auto aussteigt. Ich glaube, das ist es, was die Leute hier erwarten. Ich glaube nicht, dass wir zulassen sollten, dass dieser Ort zu einer Freakshow oder einem Freizeitpark degeneriert wie Coney Island."

Als die Konkurrenz durch ambitionierte Hotelbesitzer wie Kirk Kerkorian größer wurde, mischte er sich stärker in andere Aspekte des Alltagslebens von Nevada ein. Hughes' Geld wanderte in die Taschen von Politikern – verbunden mit einer Liste von Wünschen. Er wollte keine Hunderennen, keine Umsatzsteuer und keine Steuern auf Zigaretten und Benzin. Er war gegen die Aufhebung der Rassentrennung in den Schulen, gegen Auftritte von Entertainern aus kommunistischen Ländern. Und er wünschte sich ein spezielles Gesetz, dass ihn – Howard Hughes – davor bewahren würde, vor Gerichten oder politischen Gremien erscheinen und aussagen zu müssen.

Während seiner Jahre in Vegas, die im November 1970 endeten, weil er auf die Bahamas umzog, haben ihn nur wenige Menschen in seinem Penthouse leibhaftig gesehen. Hughes blieb ein Phantom, das sich zur rechten Zeit absetzte. Denn sein Schattenreich, in dem Geschäftsführer angefangen hatten, auf eigene Rechnung zu arbeiten, drohte auseinanderzubrechen. Die Hotels wurden eines nach dem anderen verkauft. 1976 starb der Mann, dem einst Las Vegas gehörte, an Bord eines Privatflugzeugs.

Seinen Platz in der Hall of Fame der glorreichen Las-Vegas-Investoren nahmen fortan Kirk Kerkorian und Steve Wynn ein, die mit riesigen Hotel-Projekten dem organisierten Verbrechen jede Chance nahmen, in der Sonne von Las Vegas Geschäfte zu machen. „Howard Hughes zählt nicht mehr", sagt Geschichtsprofessor Hal Rothmann von der University of Nevada, „Er hat nichts gebaut." *Jürgen Kalwa*

Freuen Sie sich auf das nächste Heft | Im Handel ab 13. Dezember 2007

Der Vulkan Cotopaxi (5897 m) – eine Herausforderung für Bergsteiger. Galapagos-Leguane haben keine Scheu vor Menschen. Wunderbare Kuppeln: Cuencas Kathedrale. Schamane in Arbeitstracht

Zuletzt erschienen:

November 2007

Oktober 2007

September 2007

August 2007

Juli 2007

Juni 2007

Ecuador

Vier Welten in einem Land

Nirgends sonst auf der Welt können Reisende auf kleinerem Raum so viele Landschaften, Kulturen, Tiere und Pflanzen bestaunen wie in Ecuador: die karge, vulkanische Bergwelt der Anden; das tropische Flair der Küste; die Tiere und Pflanzen im Amazonas-Regenwald; den Streichelzoo der Evolution auf Galapagos.

> Quito und Cuenca: Die schönsten kolonialen Städte Südamerikas

> Amazonas: Im Dschungel zuhause – Eingeborene verteidigen die Kultur ihrer Väter

> Strände: Vom Tourismus unberührte Landschaften an der Pazifikküste

> Galapagos: Der Archipel der Schildkröten, Echsen und Tölpel ist in Gefahr

Verpassen Sie nicht die nächsten Ausgaben von MERIAN: Vatikan | Kärnten | Stuttgart | Andalusien | Zürich | Peking Abotelefon (040) 87 97 35 40 oder www.merian.de